学ぶ人は、
変えて
ゆく人だ。

目《め》の前《まえ》[illegible]問題《もんだい》はもちろん、

[illegible]課題《かだい》を自《みずか》ら見《み》つけ、

[illegible]に、人《ひと》は学《まな》ぶ。

「学《まな》び」で、少《すこ》しずつ世界《せかい》は変《か》えてゆける。

いつでも、どこでも、誰《だれ》でも、

学《まな》ぶことができる世《よ》の中《なか》へ。

旺文社《おうぶんしゃ》

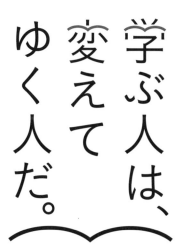

学校では
教えてくれない
大切なこと 31

地球ってすごい

マンガ・イラスト すぎうらゆう

旺文社

はじめに

テストで100点《てん》を取《と》ったらうれしいですね。先生《せんせい》も家族《かぞく》もほめてくれます。でも、世《よ》の中《なか》のできごとは学校《がっこう》でのテストとは違《ちが》って、正解《せいかい》が1つではなかったり、何《なに》が正解《せいかい》なのかが決《き》められないことが多《おお》いのです。

「私《わたし》はプレゼントには花《はな》が良《よ》いと思《おも》う」「ぼくは本《ほん》が良《よ》いと思《おも》う」。どちらが正《せい》解《かい》ですか。どちらも正解《せいかい》。そして、どちらも不正解《ふせいかい》という場合《ばあい》もありますね。

山登《やまのぼ》りで仲間《なかま》がケガをして動《うご》けない。こんなときは「動《うご》ける自分《じぶん》が方位磁石《ほういじしゃく》にしたがって下《お》りてみる」「自分《じぶん》もこのまま動《うご》かずに救助《きゅうじょ》を待《ま》つ」。どちらが正《せい》解《かい》でしょう。状況《じょうきょう》によって正解《せいかい》は変《か》わります。命《いのち》に関《かか》わることですから慎重《しんちょう》に判断《はんだん》しなくてはなりません。

このように、100点《てん》にもなり0点《てん》にもなりえる問題《もんだい》が日々《ひび》あふれているの

が世《よ》の中《なか》です。そこで自信《じしん》をもって生《い》きていくには、自分《じぶん》でとことん考《かんが》え、そのときの自分《じぶん》にとっての正解《せいかい》が何《なに》かを判断《はんだん》していく力《ちから》が必要《ひつよう》になります。

本《ほん》シリーズでは、自分《じぶん》のことや相手《あいて》のことを知《し》る大切《たいせつ》さと、世《よ》の中《なか》のさまざまな仕組《しく》みがマンガで楽《たの》しく描《えが》かれています。読《よ》み終《お》わったときには「考《かんが》えるって楽《たの》しい！」「わかるってうれしい！」と思《おも》えるようになっているでしょう。

本書《ほんしょ》のテーマは「地球《ちきゅう》ってすごい」です。私《わたし》たちが暮《く》らすこの地球《ちきゅう》は、どんな姿《すがた》をしていて、どのような歴史《れきし》を歩《あゆ》んできたのでしょうか。その秘密《ひみつ》を知《し》れば、きっと私《わたし》たちが今《いま》こうしてこの星《ほし》に生《い》きていることが不思議《ふしぎ》に思《おも》えてくるでしょう。そして、この星《ほし》にすむさまざまな生《い》き物《もの》や、自分《じぶん》の身近《みぢか》な人《ひと》たちのことが、今《いま》よりももっと愛《いと》おしくなることと思《おも》います。

この本《ほん》を読《よ》んだあなたが、地球《ちきゅう》の規模《きぼ》の大《おお》きさや歴史《れきし》の長《なが》さを知《し》り、科学《かがく》に対《たい》しての興味《きょうみ》を今《いま》よりもっと深《ふか》めてくれたらうれしく思《おも》います。

旺文社

もくじ

3章《しょう》 地球《ちきゅう》の歴史《れきし》ってすごい！

スタッフ
●編集
内山嘉子
●編集協力
藤門杏子（株式会社スリーシーズン）
●装丁デザイン
木下春圭
●本文デザイン
木下春圭
菅野祥恵（株式会社ウエイド）
●装丁・本文イラスト
すぎうらゆう
●校正
株式会社ぷれす
田中麻衣子
山崎真理
●写真提供
アフロ

する仲間《なかま》たち

地井家《ちいけ》

地井海香《ちいうみか》

- 小学《しょうがく》3年生《ねんせい》。
- 好奇心《こうきしん》おう盛《せい》で，何事《なにごと》にも動《どう》じないタイプ。
- 動物園《どうぶつえん》が好《す》きで，なかでもパンダが一番《いちばん》好《す》き。

パパ

- 海香《うみか》のおねだりにあまい，やさしいお父《とう》さん。
- 実家《じっか》は温泉旅館《おんせんりょかん》。

ママ

- 心配《しんぱい》なことがあってもあまり深《ふか》く考《かん》えない，さっぱりした性格《せいかく》。
- 好《す》きな動物《どうぶつ》はキリン。

球子《たまこ》おばあちゃん

- 海香《うみか》のおばあちゃん。
- 温泉旅館《おんせんりょかん》をいとなんでいる。
- 70歳《さい》をすぎた今《いま》でも山登《やまのぼ》りができるほど，体力《たいりょく》に自信《じしん》あり。

この本《ほん》に登《とう》場《じょう》

チーチー

- ササタケ星《せい》の宇宙人《うちゅうじん》。
- お金《かね》もうけに目《め》がない。
- 思《おも》いつきで行動《こうどう》するタイプ。
- ほめられると調子《ちょうし》にのって大《おお》きなことをいう。
- 体力《たいりょく》はないが足《あし》は速《はや》い。

AI《エーアイ》たまご

- キュウキュウがつくったたまご型《がた》のAI《エーアイ》ロボット。
- 重力《じゅうりょく》や気温《きおん》の変化《へんか》に強《つよ》いため，どんな環境《かんきょう》においても対応《たいおう》できる。

キュウキュウ

- チーチーの秘書《ひしょ》。同《おな》じくササタケ星《せい》の宇宙人《うちゅうじん》。
- 機械《きかい》に強《つよ》く，調《しら》べものが得意《とくい》。
- チーチーの思《おも》いつきにまきこまれながらもがんばる，しっかり者《もの》。

宇宙《うちゅう》のどこか
ササタケ星《せい》。
こちら宇宙《うちゅう》ニュース速報《そくほう》です!
ササタケ星《せい》から中《ちゅう》けいです。
ようこそ
ササタケ星《せい》最大手《さいおおて》
わがアストロ不動産《ふどうさん》は
ちょービーッグ
プロジェクトを発表《はっぴょう》します!
大人《おとな》も子《こ》どもも
いっしょに楽《たの》しめる
今《いま》までにない
まったく新《あたら》しい
テーマパークを
つくります!
ササタケ星《せい》
アストロ不動産《ふどうさん》
社長《しゃちょう》　チーチー
えー!
新《あたら》しいテーマパーク!?
ざわっ
ざわ
みなさん
期待《きたい》してね!

では会見《かいけん》を終《お》わります!
今《いま》までになくすばらしいめっちゃざん新《しん》なものになるから期待《きたい》してね。
秘書《ひしょ》キュウキュウ
その翌日《よくじつ》。
うーん。
社長《しゃちょう》
社長《しゃちょう》!
マスコミから問《と》い合《あ》わせです。
ギクッ
どうしよっかな~。
ヤバイヤバイ
オイラ何《なに》もアイデアないのに大《おお》きいことを言《い》っちゃったな…。
問《と》い合《あ》わせでいそがしい~
あせあせ
社長《しゃちょう》
アイデアおりてこーい!!
んっ!?
あ~
あ~
旅行《りょこう》ガイド!?
ぷるる
宇宙《うちゅう》
いま行きたい
星《ほし》
地球《ちきゅう》!!
キュウキュウの机《つくえ》

青《あお》く光《ひか》る星《ほし》!!
地球《ちきゅう》!
いいやん!!
ここ!!
ぷるるる
宇宙《うちゅう》
いま行きたい星《ほし》
地球《ちきゅう》
じー
この星《ほし》をまねすれば…
海
地球《ちきゅう》の温泉《おんせん》
ひともうけできそう!
いい案《あん》を思《おも》いついたぞ!
地
球
地球《ちきゅう》みたいなテーマパークをつくる!
エッ!?
てか何《なに》も考《かんが》えてなかったんかーい!
ワタシも地球《ちきゅう》気《き》になってたんです!
とにかく今《いま》話題《わだい》らしくて!
チーチー
泳《およ》ご〜
楽《たの》しい♡
いいなあ

さっそく地球《ちきゅう》に行《い》ってみようぜー。
そのままじゃまずいですよ！あやしい宇宙人《うちゅうじん》だと思《おも》われてしまいます！
地球人《ちきゅうじん》になじむ洋服《ようふく》を作製《さくせい》します！
カチャカチャ
ジャーン
オイラの変装《へんそう》なんかビミョ～じゃない？だいじょうぶ？
油断《ゆだん》させるためにおじさん風《ふう》
通気性《つうきせい》バツグン
社長《しゃちょう》！お似合《にあ》いだと思《おも》います！
かなりイケてるはず！

ワタシのは
コレです！
まともだな！
エッヘン！
あやしまれないように地球《ちきゅう》の親子《おやこ》を想定《そうてい》しました。
むしろオイラあやしくないか？
じゃあ行《い》くぞ!!
ゴ
早《はや》く地球《ちきゅう》を見《み》てみたい！
出発《しゅっぱつ》！
進行《しんこう》！
わくわく❤
チーチーとキュウキュウはこうしてササタケ星《せい》から地球《ちきゅう》に出発《しゅっぱつ》したのだった。

1章《しょう》

地球《ちきゅう》ってどんな星《ほし》？

地《ち》球《きゅう》ってどこにあるの？

ある日曜日《にちようび》。
今日《きょう》こそはパンダに会《あ》える〜!!
地《ち》井《い》海香《うみか》（小《しょう》3）
海香《うみか》は昔《むかし》からパンダが好《す》きね〜。
ほんとだな！
どうぶつえん
動物園
入口
ママたちはやく〜
かっわい〜パンダ〜♥
もふ
もふ
お昼《ひる》食《た》べてキリンとゾウ見《み》たらまたパンダ見《み》たいな〜。
パンダ
はいはい。
あっちがキリンよ〜
!!
あのおじさんどんだけパンダ!?
あのシャツどこに売《う》ってるのかな？
聞《き》いてみようかな。

じーっ
じーっ
おいっ…!
ですね
さっきから視線《しせん》を感《かん》じないか?
あの子《こ》、何者《なにもの》だ? まさか我々《われわれ》の正体《しょうたい》に気《き》づいているのか!?
はっ!!
あの子《こ》のカバン オイラと同《おな》じ顔《かお》? オイラのファンか!?
でへへ
まさか…。
社長《しゃちょう》! ちがいます!
ピピッ
生息地《せいそくち》 中国《ちゅうごく》や 動物園《どうぶつえん》
・パンダ タイプ ♡(かわいい系《けい》)
地球上《ちきゅうじょう》には、ササタケ星人《せいじん》と似《に》ているパンダという生《い》き物《もの》がいるそうです!
カタカタ
ナンダ!?
いえ
パンダです!
あっ! いた!
おじさんもパンダ好《す》きなの?
わあぁっ

あっ!!
わああ
ステーン
ドテ
社長《しゃちょう》!!
ビリビリッ
エー!ッ
うわぁ〜
し…しまった!!
中《なか》からパンダ!?
おどろかせてごめんなさい!! 実《じつ》はワタシたちササタケ星《せい》から来《き》た宇宙人《うちゅうじん》なんです!
あやしい者《もの》ではないから安心《あんしん》してくれ
あせあせ
さっきのイケてるおじさんはオイラの仮《かり》の姿《すがた》だ。
パンダがしゃべってる!
オイラの名前《なまえ》はチーチー。
ワタシはキュウキュウです。

ササタケ星《せい》は太陽系《たいようけい》の外《そと》のずっと遠《とお》いところにある星《ほし》なんです。
あっどうぞお座《すわ》りください
……。
へ〜っ！遠《とお》くから大変《たいへん》だったね！
私《わたし》は海香《うみか》。よろしくね！
って…オイ！！
もう友《とも》だちか!?
それでね！
へ〜!!
ペチャ
クチャ
地球《ちきゅう》に来《く》る間《あいだ》も発見《はっけん》がいっぱいだったぞ！
地球《ちきゅう》の近《ちか》くにはいろんな星《ほし》があるんだ。輪《わ》っかのついてる星《ほし》もあったぞ！
知《し》ってる！土星《どせい》でしょ！
ところで相談《そうだん》なんだが…。
何《なに》？ジージー！
チーチーだよ！
オイラたちにこれからも地球《ちきゅう》のことを教《おし》えてくれないか？
コレ！連絡用《れんらくよう》の「どこでもササタケ」！
オッケー！
おもしろそう！

太陽系《たいようけい》にある地球《ちきゅう》

太陽《たいよう》を中心《ちゅうしん》に集《あつ》まっている惑星《わくせい》などをまとめて太陽系《たいようけい》というよ。惑星《わくせい》は，恒星《こうせい》（太陽《たいよう》のように自《みずか》らが光《ひか》る星《ほし》）のまわりを回《まわ》っている星《ほし》のこと。太陽系《たいようけい》には，地球《ちきゅう》をふくめて８つの惑星《わくせい》があるんだ。☆

地球《ちきゅう》以外《いがい》にも
いろんな星《ほし》があるん
だな～！
木星《もくせい》
太陽系《たいようけい》の８つの惑星《わくせい》のなかで，一番大《いちばんおお》きいよ。
天王星《てんのうせい》
天王星《てんのうせい》・海王星《かいおうせい》
どちらも氷《こおり》を多《おお》くふくむとても冷《つめ》たい星《ほし》だよ。
海王星《かいおうせい》

火星《かせい》
木星《もくせい》
土星《どせい》
天王星《てんのうせい》
海王星《かいおうせい》

水星《すいせい》
太陽《たいよう》に一番近《いちばんちか》くて，
昼間《ひるま》の温度《おんど》は400
度以上《どいじょう》にもなる。
ココ!
太陽《たいよう》
地球《ちきゅう》
金星《きんせい》
太陽《たいよう》の光《ひかり》で明《あか》るく光《ひか》る
から，地球《ちきゅう》からも
とってもよく見《み》えるよ。
火星《かせい》
赤《あか》っぽい色《いろ》をしていて，
地球《ちきゅう》からも見《み》えるよ。
土星《どせい》
まわりに大《おお》きな輪《わ》が
あるのが特《とく》ちょう。
太陽《たいよう》から
近《ちか》い順《じゅん》に…
太陽《たいよう》
水星《すいせい》
金星《きんせい》
地球《ちきゅう》

地《ち》球《きゅう》の大《おお》きさはどれくらい？

ササタケ星《せい》のハッピーハッピーアストロ不動産《ふどうさん》～
陽気《ようき》なアストロ不動産《ふどうさん》～♪
アストロ不動産《ふどうさん》
業界《ぎょうかい》トップの実力《じつりょく》
はい。もしもし？
何《なに》、この着信音《ちゃくしんおん》。チーチーってもしかして不動産屋《ふどうさんや》さんだったの？
フフフ…。
ガラッ
そうだ！
オイラはササタケ星《せい》の不動産会社《ふどうさんがいしゃ》の社長《しゃちょう》なのだ！
チーチー！
うっ
!!
しまった！入《はい》れない!!
ちょっと手《て》伝《つだ》って!!
実《じつ》はオイラはエライ人《ひと》なのだ!!
ちょっとぶつけた…
アストロ不動産《ふどうさん》はササタケ星《せい》最大手《さいおおて》！
ヒリヒリ
すばらしいテーマパークをつくるために地球《ちきゅう》を調《しら》べにきたのだ。
すごーい！
どんなテーマパークをつくるの？

別《べつ》の星《ほし》に地球《ちきゅう》そっくりなテーマパークをつくるんだ！
ドヤ顔《がお》
えっ無理《むり》でしょ!! 大《おお》きすぎ！
えっ。
オイラは今《いま》までテーマパークをいくつも手《て》がけてきた男《おとこ》。
物件数《ぶっけんすう》もナンバーワンのアストロ不動産《ふどうさん》にかかれば
ちょちょいのちょい。
社長《しゃちょう》!!
地球《ちきゅう》とササタケ星《せい》の大《おお》きさのちがいを果物《くだもの》に例《たと》えてみたところ、スイカとサクランボほどになります！
エエーーッ
例《れい》…
どーん
地球《ちきゅう》！
ササタケ星《せい》
ちびっ…
何《なに》いぃ～～！地球《ちきゅう》はそんなに大《おお》きいのか！

地球《ちきゅう》の大《おお》きさ

地球《ちきゅう》って，いったいどれくらい大《おお》きいんだろう。大《おお》きさ測定《そくてい》をしてみよう。身近《みぢか》なものと比《くら》べてみると，その大《おお》きさがわかるよ。

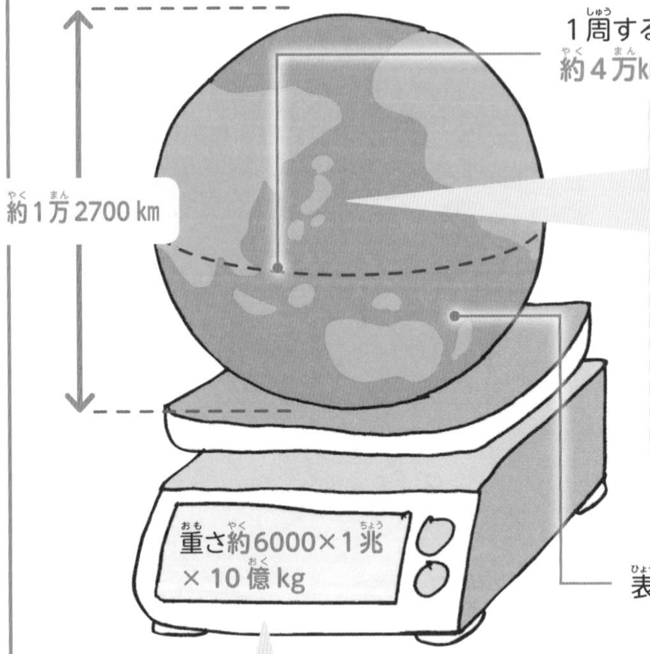
1周《しゅう》すると
約《やく》4万《まん》km
約《やく》1万《まん》2700 km
重《おも》さ約《やく》6000×1兆《ちょう》
×10億《おく》kg
表面積《ひょうめんせき》約《やく》5.1億《おく》km^2

日本と比《くら》べると…
地球《ちきゅう》1周《しゅう》は
東京《とうきょう》―大阪間《おおさかかん》の
約《やく》100倍《ばい》！

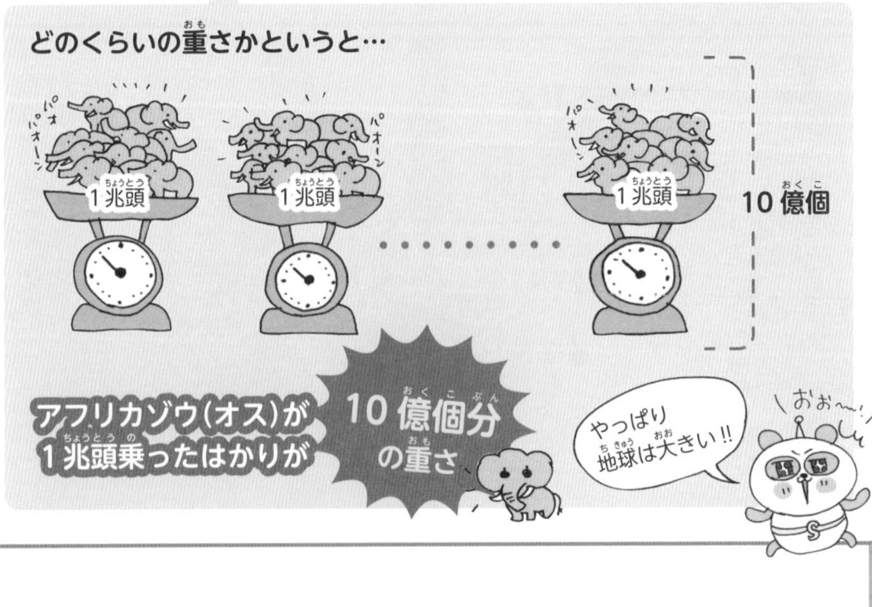
どのくらいの重《おも》さかというと…
パオ
パオー
パオーン
1兆頭《ちょうとう》
1兆頭《ちょうとう》
1兆頭《ちょうとう》
10億個《おくこ》
アフリカゾウ(オス)が
1兆頭乗《ちょうとうの》ったはかりが
10億個分《おくこぶん》
の重《おも》さ
やっぱり
地球《ちきゅう》は大《おお》きい!!
\おお〜!/

チーチーたちの地球《ちきゅう》での秘密《ひみつ》せんぷく基地《きち》
アストロ不動産《ふどうさん》
宇宙《うちゅう》の物件《ぶっけん》しか取《と》りあつかいありません
あやしい…
まずは開発《かいはつ》する星《ほし》を探《さが》そう。
物件探《ぶっけんさが》しは得意《とくい》だぞ！
地球《ちきゅう》に似《に》ていてもっと小《ちい》さい星《ほし》がいいな…。
アストロ不動産《ふどうさん》物件《ぶっけん》ファイル
オイラのうでの見《み》せどころ♪
パラパラ
ゲラゲラ星《せい》
いまなら駐車場《ちゅうしゃじょう》無料《むりょう》
ガーバー星《せい》
・ペット相談《そうだん》
・敷金《しききん》・礼金《れいきん》0
トゲトゲ星《せい》
・ペット可《か》
キューリー星《せい》
・日当《ひあ》たり良好《りょうこう》
・安心《あんしん》サポートあり
ぷよぷよ星《せい》
・セキュリティーバッチリ ひとり暮《ぐ》らしに最適《さいてき》
うねうね星
・おしゃれな外観《がいかん》がステキ
つぶつぶ星《せい》
ズーチー星《せい》
・即入居可《そくにゅうきょか》
ブーブー星《せい》
どこもビミョ〜。

でも大丈夫《だいじょうぶ》！
アストロ不動産《ふどうさん》はナンバーワンなのだ!!
サッ
サッ
ない…。
社長《しゃちょう》ーー!!
コレはいったい…
何事《なにごと》ですかっ???
あっ!! この星《ほし》どうですか!?
何《なに》!?
形《かたち》が地球《ちきゅう》と同《おな》じ!! まんまる!!
おお!!
いいですよね！
わくわく
名前《なまえ》：わくわく星《せい》
強度《きょうど》：★★★★★
よーし ここに決《き》めた！
形《かたち》：どこから見《み》てもまんまる
さっそくデータ収集《しゅうしゅう》します！
カタ
カタ
さっそく海香《うみか》に報告《ほうこく》しようっと♥ さすがオイラ!!
ウッキー♪
ワタシが見《み》つけたんですけど…。

ササタケ星《せい》ってどんな星《ほし》？

オイラたちの星《ほし》へようこそ！

じつはチーチーの先祖《せんぞ》が開発《かいはつ》した星《ほし》。

わしがつくった星《ほし》じゃ

コンピューター技術《ぎじゅつ》は宇《う》宙一《ちゅういち》。

チーチーたちの仕事場《しごとば》は，ココ！

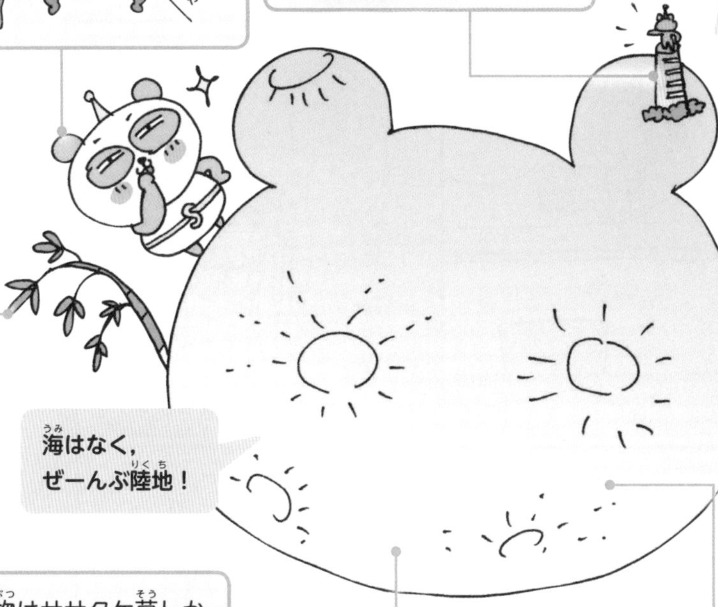

海《うみ》はなく，ぜーんぶ陸地《りくち》！

観光名物《かんこうめいぶつ》はササタケ草《そう》しかないので，ほかの星《ほし》からの観光客《かんこうきゃく》はあまり来《こ》ない。

天気《てんき》はいつも快晴《かいせい》。雲《くも》がなく，雨《あめ》は降《ふ》らない。

カサ？何《なに》それ？

温度《おんど》はいつも一定《いってい》で過《す》ごしやすい。季節《きせつ》はない。

暑《あつ》くも寒《さむ》くもないぞ！

ピロン♪
ん？
オイラだよ！ あとで 話《はなし》がある
海香《うみか》 おやつ 食《た》べたら 宿題《しゅくだい》すぐに しなさいよー
はーい！
テーマパークに ぴったりの星《ほし》が 見《み》つかったの かもね…！
返信《へんしん》しようっと！
!?
えっ
シュン
あら いない…。
もう食《た》べたの かしら？
やっほー
海香《うみか》 待《ま》ってたぞ！
シュン

地球《ちきゅう》に似《に》た星《ほし》を見《み》つけちゃいました!
どう?どう?
ちょっと急《きゅう》に呼《よ》び出《だ》さないで!!
それ私《わたし》のおやつ!
えっ!この星《ほし》!?
ガーン!!
なんかちがーう。ちゃんと見《み》てよー。海《うみ》もないし~。
そ、そうかな。けっこう似《に》てると思《おも》うけど…。
まずオイラはこの青《あお》いところに行《い》ってみたいんだ。
そうそうそれ!
そこは海《うみ》です。
ほう。『宇宙版《うちゅうばん》ぷるる』にものってたな。
待《ま》ってろよ海《うみ》♥
えっ!?行《い》くの?
へーっ宇宙《うちゅう》から見《み》た地球《ちきゅう》って青《あお》くてキレイ。
だろだろ!
って…ちがーう!勝手《かって》に連《つ》れまわさないでよーっ!
ビューン

海《うみ》をつくるために必要《ひつよう》な水《みず》の量《りょう》

地球《ちきゅう》の表面《ひょうめん》の約《やく》7割《わり》をしめる海《うみ》。海《うみ》をつくるにはどれくらいの海水《かいすい》が必要《ひつよう》なのか，25 mプールで考《かんが》えてみよう。

必要《ひつよう》な水《みず》の量《りょう》
25 mプール 2800 兆《ちょう》個分《こぶん》
(約《やく》13 億《おく》5000 万《まん》km^3)

波《なみ》はどうやってできるの？

海《うみ》の向《む》こうからやってきて，砂浜《すなはま》や海岸《かいがん》にザブーンと打《う》ち寄《よ》せる波《なみ》は，いったいどんなふうに生《う》まれるんだろう？

ピュ
イエーイ

❶波《なみ》が生《う》まれる

最初《さいしょ》の波《なみ》は，風《かぜ》がふくことによって生《う》まれる。まだ海《うみ》の表面《ひょうめん》が上下《じょうげ》に小《ちい》さくゆれるだけのさざ波《なみ》だよ。岸《きし》から遠《とお》く離《はな》れたところで生《う》まれた波《なみ》も，海岸《かいがん》まで伝《つた》わってくる。

❷波《なみ》が大《おお》きくなる

風《かぜ》が強《つよ》くふくとだんだん大《おお》きくなって，見《み》た目《め》にもギザギザした波《なみ》ができる。

❸うねりができる

上下《じょうげ》にゆれる水《みず》の動《うご》きが海《うみ》の底《そこ》のほうまで伝《つた》わって，海《うみ》の中《なか》で水《みず》が大《おお》きく回《まわ》り，波《なみ》は丸《まる》みを帯《お》びる。これがうねりだよ。

❹岸《きし》に打《う》ち寄《よ》せる

浅《あさ》い海《うみ》では水《みず》が回《まわ》る動《うご》きができなくなるから，波《なみ》の形《かたち》がくずれて岸《きし》に打《う》ち寄《よ》せるんだ。

すごいな!!
自然《しぜん》のしくみだとはビックリだぞ！
流《なが》れるプールみたいですね！

海《うみ》はどうしてしょっぱいの？

海水《かいすい》には塩分《えんぶん》がふくまれているから，とてもしょっぱいよ。海水《かいすい》の塩分《えんぶん》の濃度《のうど》は，平均約《へいきんやく》3.5%。海水《かいすい》の濃度《のうど》は，世界中《せかいじゅう》どこでも同《おな》じではなく，場所《ばしょ》によってちがうよ。

しょっぱさくらべ

※平均的《へいきんてき》な数値《すうち》です。

ペットボトル1本《ぽん》（500mL）にふくまれる塩分《えんぶん》の量《りょう》をくらべてみよう。

海水《かいすい》　　スポーツドリンク　　しょうゆ

海水
かいすい
大《おお》さじ
約《やく》1ぱい
スポーツドリンク
小《こ》さじ
約《やく》0.1ぱい
しょうゆ
大《おお》さじ
約《やく》4はい
と半分《はんぶん》

どうして海水《かいすい》に塩分《えんぶん》がふくまれているの？

❶海《うみ》ができたころにいっしょにできた

地球《ちきゅう》が誕生《たんじょう》したころ，大量《たいりょう》に雨《あめ》が降《ふ》り，海《うみ》ができた。このときに空気中《くうきちゅう》の塩素《えんそ》ガスが海《うみ》に入《はい》り，海《うみ》の岩石《がんせき》にふくまれるナトリウムと結《むす》びついて，塩分《えんぶん》ができた。

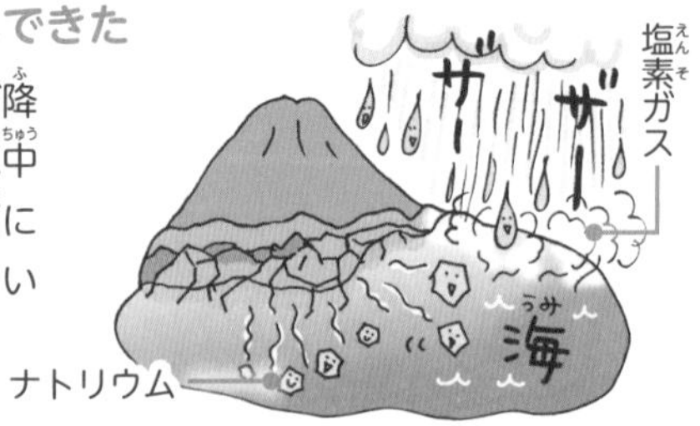

塩素《えんそ》ガス
ザー
ザー
海《うみ》
ナトリウム

❷川《かわ》が陸《りく》の塩分《えんぶん》を海《うみ》に運《はこ》んでいる

川《かわ》が海《うみ》へ流《なが》れこむまでの間《あいだ》に，岩石《がんせき》にふくまれている塩分《えんぶん》が川《かわ》の水《みず》にとけて，海《うみ》に運《はこ》ばれている。

ザーーッ
海《うみ》
しょっぱいわ！

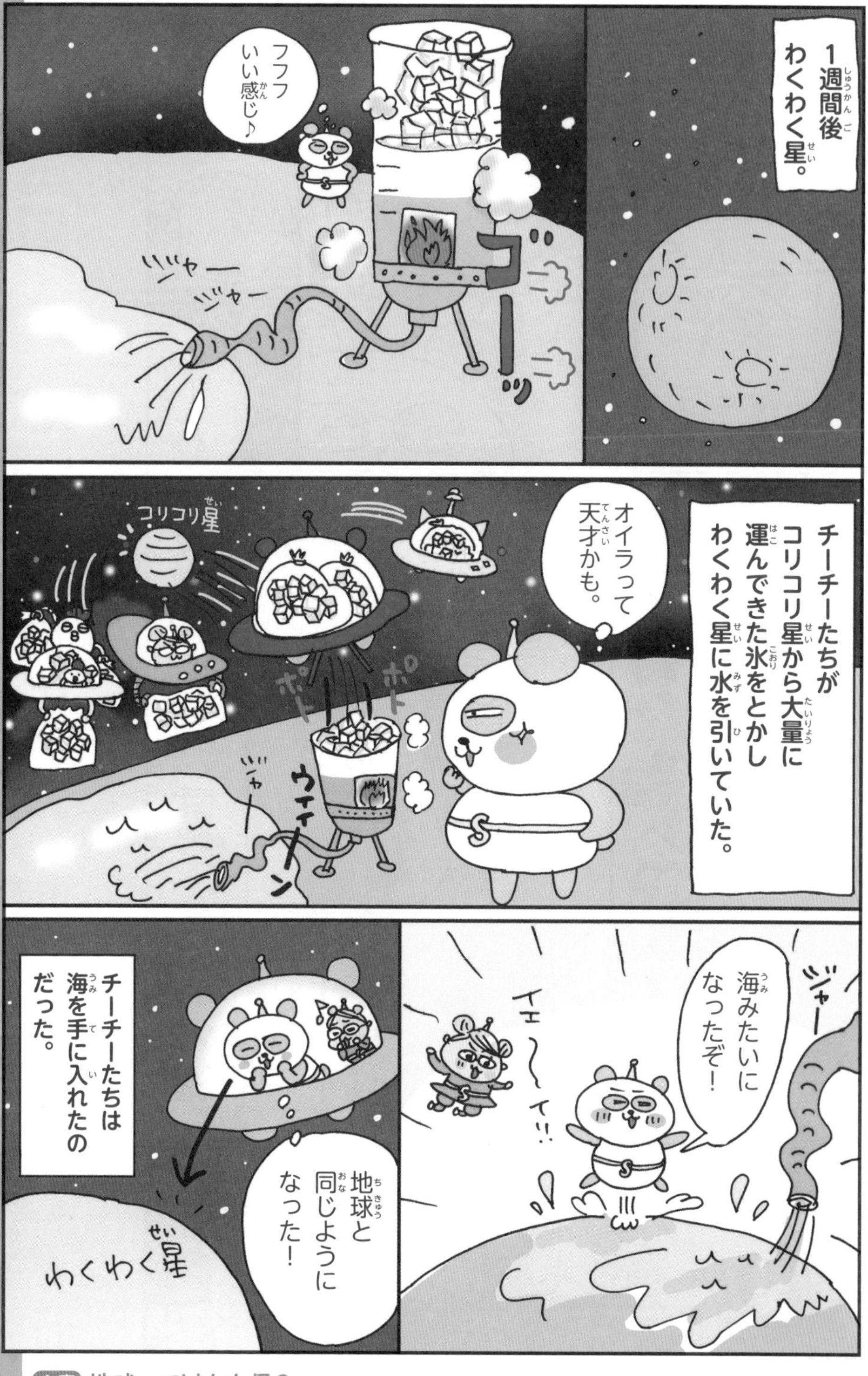
1週間《しゅうかん》後《ご》
わくわく星《せい》。
フフフ
いい感《かん》じ♪
ゴーッ
ジャー
ジャー
チーチーたちがコリコリ星《せい》から大量《たいりょう》に運《はこ》んできた氷《こおり》をとかしわくわく星《せい》に水《みず》を引《ひ》いていた。
オイラって天才《てんさい》かも。
コリコリ星《せい》
ポト
ポト
ウイイーン
ジャー
ジャー
海《うみ》みたいになったぞ!
イエ〜イ!!
チーチーたちは海《うみ》を手《て》に入《い》れたのだった。
地球《ちきゅう》と同《おな》じようになった!
わくわく星《せい》

見《み》えないけれど大《だい》事《じ》な空《くう》気《き》

ピンポーン！
やっほー
ビリッ
何回《なんかい》も電話《でんわ》したのに全然《ぜんぜん》出《で》ないから〜。
おかしいな……
ピピピ ピピピ ピピピ
10回《かい》はかけたぞ！
どんだけよっ！
私《わたし》が悪《わる》いみたいに言《い》わないでっ！
そっかそっかごめんね！
ごめんなさい…
実《じつ》は大《だい》ニュース!!
テヘペロ♥
地球《ちきゅう》と同《おな》じようにわくわく星《せい》にも海《うみ》をつくれたんだ！
えーっ
すごいじゃん！
それでまわりのモヤモヤをつくりたいんだが…。
コレ
地球《ちきゅう》を見《み》たときにまわりにうっすらかかっていた青《あお》いベール。
あれがキレイなんだよね〜。
あれの正体《しょうたい》を知《し》りたいんだけど地球《ちきゅう》に着《つ》いたら見《み》えないんだよ。
どれのこと？
とりあえず私《わたし》の部屋《へや》で話《はな》そうよ。
ここじゃ目立《めだ》つから〜♪

海香《うみか》の部屋《へや》。
よっこいしょ
くつろぎすぎでしょ。
で、海香《うみか》はあのモヤモヤは何《なん》だと思《おも》う？
社長《しゃちょう》！データが出《で》ました。地球《ちきゅう》をおおっている部分《ぶぶん》は「空気《くうき》」というそうです！
空気《くうき》！
空気《くうき》って何《なん》だ？
エッ!!
ちょっと待《ま》って!?
空気《くうき》を知《し》らないの!?
いや…知《し》っているといえば知《し》っていたような…。
はい
知《し》らないのね。
すごいね！
ということはササタケ星《せい》には空気《くうき》がないの？
それは大事《だいじ》なものなの？

当《あ》たり前《まえ》だよー!
息《いき》できないじゃん!
そうなの?
地球《ちきゅう》の生《い》き物《もの》には空気《くうき》が必要《ひつよう》なようです。
ちなみにササタケ星人《せいじん》はいつも食《た》べているササタケ草《そう》で生命活動《せいめいかつどう》ができています。
ササタケ草《そう》
そうだったのか〜。
もぐもぐ
オイラもササタケ草《そう》がないと生《い》きられないもんな。それは確《たし》かに大事《だいじ》だな。
さっそく空気《くうき》について調《しら》べよう!
はいっ!
こうしちゃいられないぞ!!
がんばってねー!
海香《うみか》サンキュー!!
またね!
よし! 次《つぎ》はわくわく星《せい》に空気《くうき》をつくるぞ!

地球《ちきゅう》をとりまく空気《くうき》

地球《ちきゅう》を包《つつ》みこむようにおおっている空気《くうき》のことを，大気《たいき》と呼《よ》ぶよ。空気《くうき》は目《め》に見《み》えないけれど，いくつもの成分《せいぶん》でできていて，重《おも》さもある。

ふくまれる成分《せいぶん》

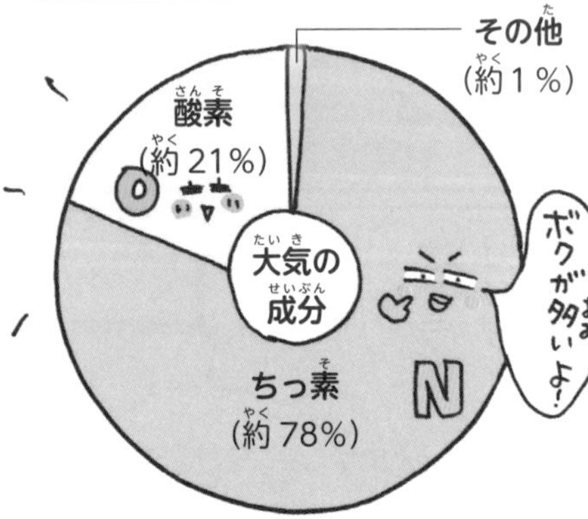

大気《たいき》の成分《せいぶん》は，ちっ素《そ》と酸素《さんそ》がほとんどをしめるよ。

重《おも》さ

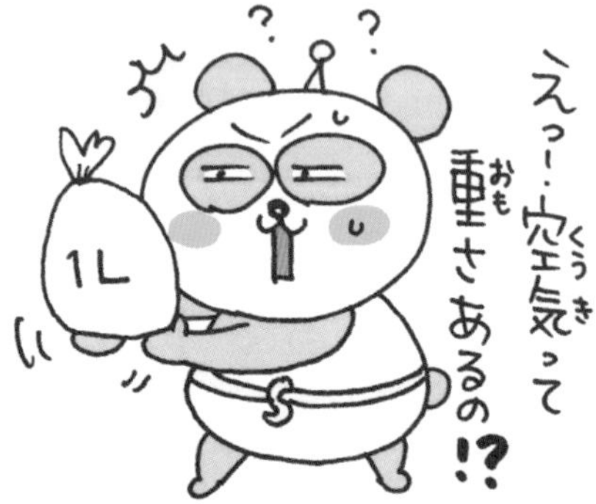

気温《きおん》20度《ど》の空気《くうき》1リットルの重《おも》さは約《やく》1.2 g。

厚《あつ》さ

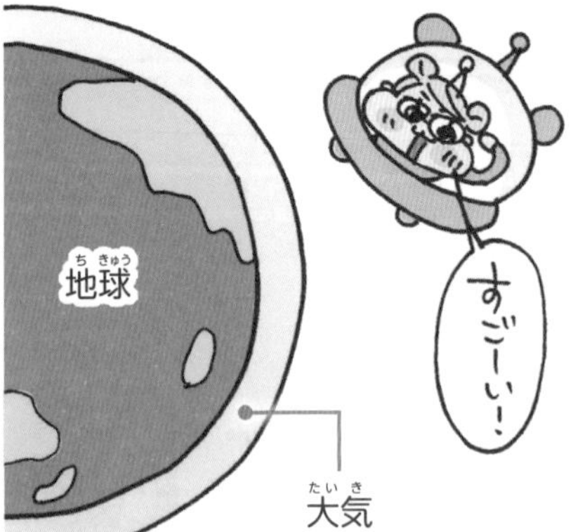

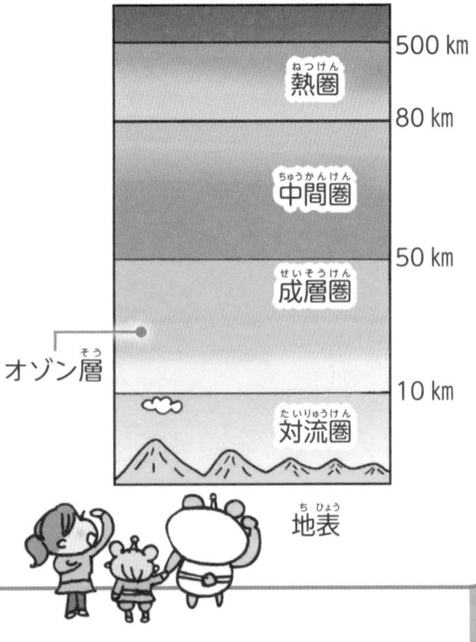

地球《ちきゅう》の表面《ひょうめん》を厚《あつ》さおよそ500 kmでおおっていて，気温《きおん》の変《か》わり方《かた》のちがいで4つの層《そう》に分《わ》かれているよ。

もし空気《くうき》がなかったら…？

呼吸《こきゅう》ができない

地球上《ちきゅうじょう》にいる動物《どうぶつ》や植物《しょくぶつ》は，空気《くうき》にふくまれている酸素《さんそ》がないと呼《こ》吸《きゅう》ができなくて生《い》きていられない。

音《おと》が聞《き》こえない

音《おと》は空気《くうき》のしん動《どう》が伝《つた》わって耳《みみ》に届《とど》けられることで聞《き》こえてくる。だから空気《くうき》がないと，音《おと》が聞《き》こえなくなるよ。

有害《ゆうがい》な紫外線《しがいせん》が降《ふ》り注《そそ》ぐ

地球《ちきゅう》にオゾン層《そう》があるおかげで，生《い》き物《もの》は太陽《たいよう》から降《ふ》り注《そそ》ぐ有害《ゆうがい》な紫外線《しがいせん》から守《まも》られているんだ。

地球《ちきゅう》の温度《おんど》が下《さ》がる

空気中《くうきちゅう》の二酸化炭素《にさんかたんそ》などが，地球《ちきゅう》から熱《ねつ》が逃《に》げていくのをふせいでいる。空気《くうき》がなくなると地表《ちひょう》はマイナス18度《ど》くらいになってしまうといわれているよ。

プカ
プカ
チーチーたちはいろいろな小惑星《しょうわくせい》から空気《くうき》を調達《ちょうたつ》し、
よし！
ウィ〜〜ン
特殊《とくしゅ》カプセルに空気《くうき》を注入《ちゅうにゅう》したのであった。
わくわく星《せい》へ空気《くうき》カプセル発射《はっしゃ》！
バラ
バラ
バラ
シュウウ〜
シュウウ〜
どうだろう空気《くうき》入《はい》ったかな？
地球《ちきゅう》とほぼ同《おな》じ濃度《のうど》の空気《くうき》を感知《かんち》しました。
地球《ちきゅう》！
わくわく星《せい》
クウキ アリマス
OK OK！
やった！
社長《しゃちょう》！いけました！
アシスタント
AI《エーアイ》たまご

1週間後《しゅうかんご》。
キラ キラ
青《あお》い海《うみ》ができた！
社長《しゃちょう》が植《う》えた地球《ちきゅう》のササも育《そだ》ってますよ！
オイラ最《さい》高《こう》!!
空気《くうき》があるから植物《しょくぶつ》が呼吸《こきゅう》できるんですね。
海香《うみか》にじまんしよう！
キュウキュウカメラ回《まわ》して！
はい！
あっ！チーチー！！
今《いま》からそっちに中《ちゅう》けいつなぐから見《み》てみて！
わくわく星《せい》がここまで成長《せいちょう》したぞ！
ジャーーン
えーっすごい！
ん!?
ポッ
ポッ
なんだ？

ザ
雨《あめ》ですね。
あれ…れ。
社長《しゃちょう》！雲《くも》ができています！
雲《くも》!?
植物《しょくぶつ》や海《うみ》から水《みず》が蒸発《じょうはつ》して雲《くも》ができたようです!!
へえ～そうなんだね！
イエイ♪
イエイ♪
雲《くも》つくっちゃうなんてすごいね、チーチー！おめでとう！
う…うん。
雨《あめ》が降《ふ》ったらテーマパークの来客数《らいきゃくすう》が減《へ》るんじゃ…!?
むむむ…
雲《くも》ができたことが内心《ないしん》あまりうれしくないチーチーなのだった。

雲《くも》のでき方《かた》

空《そら》に浮《う》かぶ雲《くも》は，水《みず》や氷《こおり》のつぶからできているよ。雲《くも》が生《う》まれるしくみを見《み》てみよう。

❶水蒸気《すいじょうき》をふくんだ空気《くうき》が，地面《じめん》の熱《ねつ》であたためられて上《うえ》にあがる。水蒸気《すいじょうき》は水《みず》が蒸発《じょうはつ》したもので，空気《くうき》と同《おな》じように目《め》には見《み》えない。

❷上空《じょうくう》で空気《くうき》が冷《ひ》えて，水蒸《すいじょう》気《き》が水《みず》や氷《こおり》のつぶに変《か》わる。ひとつぶは小《ちい》さくて見《み》えないけれど，たくさん集《あつ》まると白《しろ》く見《み》える。これが雲《くも》だよ。水《みず》や氷《こおり》のつぶが集《あつ》まりすぎて重《おも》くなると，雨《あめ》や雪《ゆき》になって落《お》ちてくるよ。

もし雲《くも》がなかったら…？

雨《あめ》が降《ふ》らない

雲《くも》ができないと，雨《あめ》が降《ふ》らなくなる。すると土《つち》に水分《すいぶん》がなくなって，植物《しょくぶつ》がひからびて育《そだ》たなくなってしまうよ。

天気予報《てんきよほう》がなくなる

雲《くも》の動《うご》きは，天気《てんき》を予測《よそく》するときの目印《めじるし》になっている。だから雲《くも》がないと天気予報《てんきよほう》ができない。そもそも，雲《くも》がないと天気《てんき》はいつも晴《は》れだから，天気予報《てんきよほう》は必要《ひつよう》なくなるね。

いろいろな雲《くも》

雲《くも》の形《かたち》には，名前《なまえ》がついているよ。空《そら》を見上《みあ》げて探《さが》してみよう。

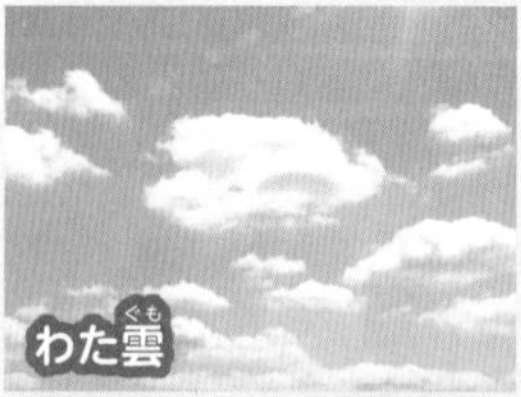
わた雲《くも》

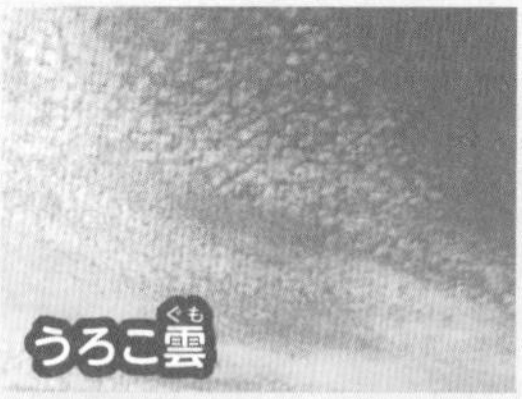
うろこ雲《くも》

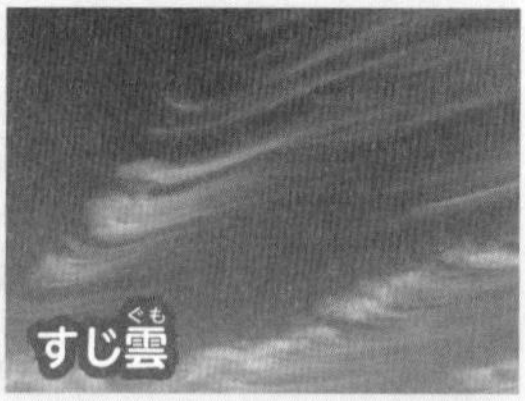
すじ雲《くも》

入道雲《にゅうどうぐも》

雨雲《あまぐも》

きり雲《くも》

雲《くも》はいらなかったがまあいいか。
宇宙《うちゅう》新聞《しんぶん》
チーチー氏《し》ついにテーマパーク完成《かんせい》間近《まぢか》!?
わくわくランドと名《な》付《づ》ける
ほほえむ チーチー氏
オイラに不可能《ふかのう》はないのさ~♥
ぐふふ
チーチーは海《うみ》をつくったことで新聞《しんぶん》にテレビにひっぱりだこだった。
チーチー氏《し》に建設中《けんせつちゅう》のわくわくランドについてうかがいたいのですが
どうぞ
また社長《しゃちょう》テレビに出《で》てる!
ロクガシマシタ!

どうして朝《あさ》が来《く》るの？

ササタケ星《せい》のチーチーたち。
オイラの銅像《どうぞう》をわくわく星《せい》に置《お》いてこよう！
えーっまた行《い》くんですかー!?
これからササタケソフト食《た》べるところなのに…
テーマパーク記《き》念《ねん》
つかれた〜
いいもん！じゃあひとりで行《い》ってくる！
フットワーク重《おも》いぞ！
わかりましたよ〜！
ギュイーン
わくわく星《せい》に到着《とうちゃく》。
やっぱりわくわく星《せい》はサイコー♥
海香《うみか》を連《つ》れてきたらびっくりするだろうな〜。
グフフ
キュウキュウ！見《み》ろ！
ちょうど朝日《あさひ》がのぼってきているぞ！
わ〜っキレイですね

そうだ!!
わくわく星《せい》のおひろめ初日《しょにち》に朝日《あさひ》の前《まえ》でテープカットしたいね～。
いいですね！
来《き》たよ～！
あれ？
1時間後《じかんご》―。
なんか全然《ぜんぜん》のぼってこないな…。
こんなにかかるんだっけ…？
…
3時間経過《じかんけいか》…。
なぜ!?
いつまでたっても朝日《あさひ》がのぼってこない…。

地球《ちきゅう》にいるときはすぐに太陽《たいよう》がのぼったのに。
うううう
社長《しゃちょう》…。
もしや自転《じてん》がおかしいのかも！
自転《じてん》!?
自転《じてん》といって地球《ちきゅう》はくるくる回《まわ》っているそうです。
くる
くる
そのため24時間《じかん》で昼《ひる》と夜《よる》がくり返《かえ》されているみたいです。
なんだって!? 地球《ちきゅう》自体《じたい》が回《まわ》っているのか！
すごい!!
えーと わくわく星《せい》も自転《じてん》しているんですが、1回転《かいてん》するのに地球《ちきゅう》の１００倍《ばい》時間《じかん》がかかるようです。
遅《おそ》っ!!
だから朝日《あさひ》がなかなかのぼらなかったみたい…

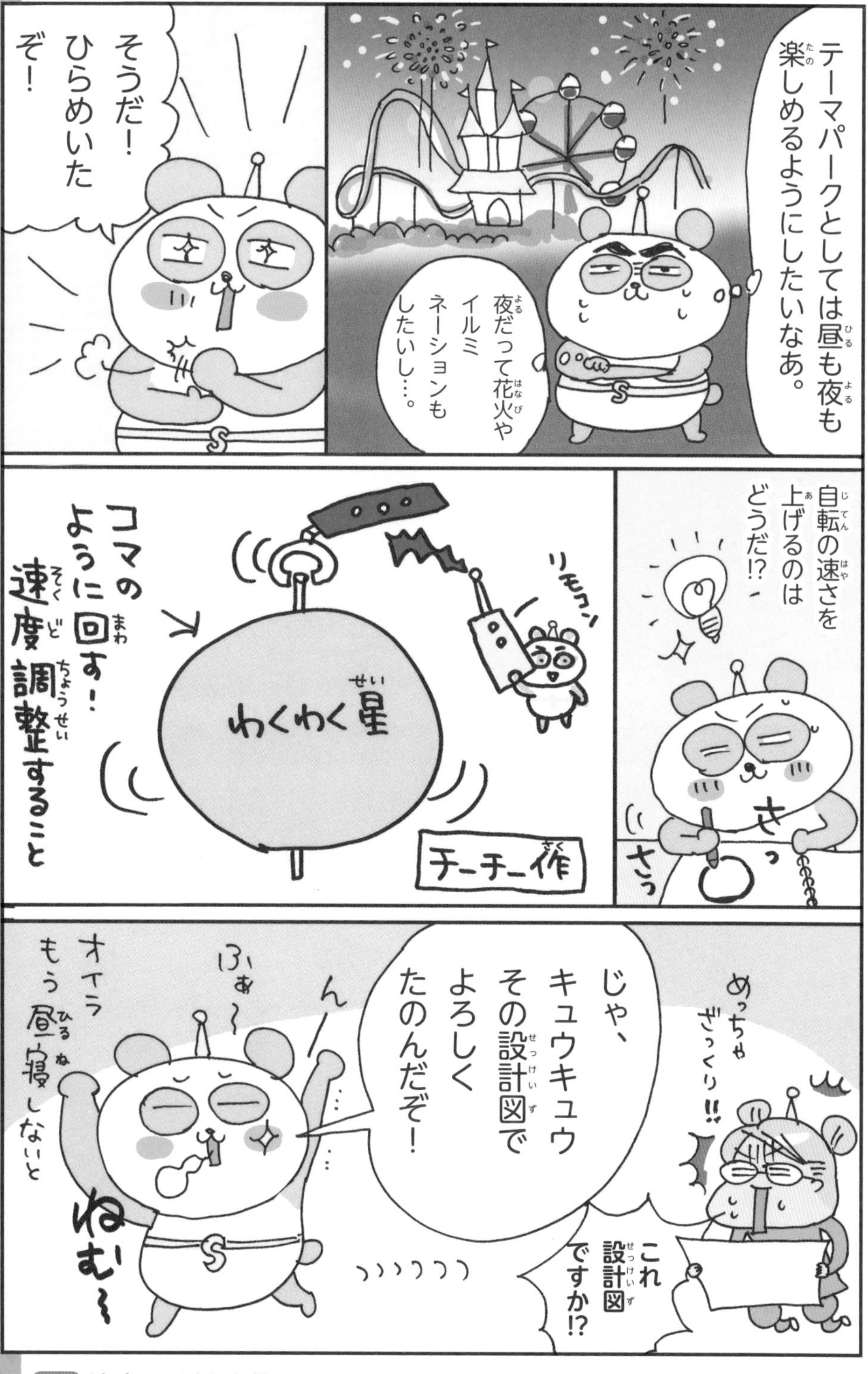

テーマパークとしては昼《ひる》も夜《よる》も楽《たの》しめるようにしたいなあ。
夜《よる》だって花火《はなび》やイルミネーションもしたいし…。
そうだ!ひらめいたぞ!
自転《じてん》の速《はや》さを上《あ》げるのはどうだ!?
さっ
さっ
コマのように回《まわ》す!速度《そくど》調整《ちょうせい》すること
リモコン
わくわく星《せい》
チーチー作《さく》
めっちゃざっくり!!
これ設計図《せっけいず》ですか!?
じゃ、キュウキュウその設計図《せっけいず》でよろしくたのんだぞ!
ん~
ふぁ~
オイラもう昼寝《ひるね》しないと
ねむ~

地球《ちきゅう》は自転《じてん》している！

地球《ちきゅう》は北極側《ほっきょくがわ》から見《み》て時計《とけい》と反対回《はんたいまわ》りに，1日《にち》1回転《かいてん》しているよ。これを自転《じてん》という。どのくらいの速《はや》さで回《まわ》っているのだろう。

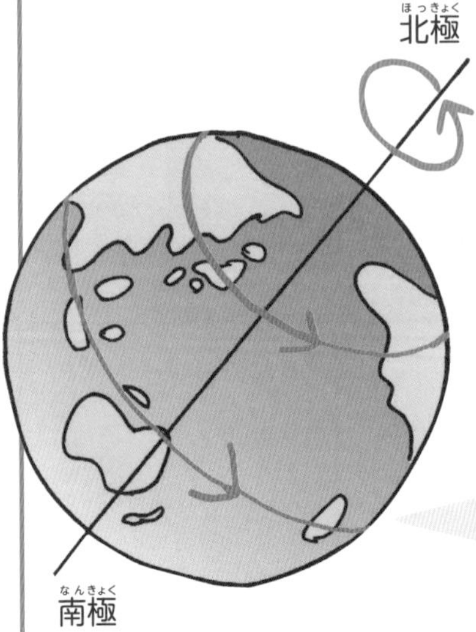

赤道《せきどう》で自転《じてん》の速《はや》さを計算《けいさん》すると…

1周約《しゅうやく》4万《まん》km÷24時間《じかん》 ➡ **1時間《じかん》に約《やく》1667 km進《すす》む速《はや》さ**

速《はや》さ比《くら》べ

リニア中央新幹線《ちゅうおうしんかんせん》
1時間《じかん》に約《やく》500 km
進《すす》む速《はや》さ

飛行機《ひこうき》
1時間《じかん》に約《やく》900 km
進《すす》む速《はや》さ

自転《じてん》しているから…

太陽《たいよう》に当《あ》たる場所《ばしょ》が変《か》わる

⬇ だから

昼《ひる》と夜《よる》ができる！

地球《ちきゅう》から太陽《たいよう》を見《み》ると動《うご》いて見《み》える

⬇ だから

太陽《たいよう》が東《ひがし》からのぼって西《にし》にしずむ！

地球《ちきゅう》が自転《じてん》しなくなったら…？

昼《ひる》と夜《よる》がなくなる

地球《ちきゅう》の表面《ひょうめん》の太陽《たいよう》に向《む》いている側《がわ》はずっと昼《ひる》，太陽《たいよう》に向《む》いていない側《がわ》はずっと夜《よる》になってしまう。

※公転《こうてん》のえいきょうを考《かんが》えない場合《ばあい》。

寒暖《かんだん》の差《さ》が大《おお》きくなる

太陽《たいよう》がずっと当《あ》たらない場所《ばしょ》には熱《ねつ》が届《とど》かないから，どんどん寒《さむ》くなる。反対《はんたい》に，太陽《たいよう》がずっと当《あ》たる場所《ばしょ》は，どんどん暑《あつ》くなるよ。

自転《じてん》がとつ然《ぜん》止《と》まったら…？

猛《もう》スピードで自転《じてん》する地球《ちきゅう》に立《た》っている状態《じょうたい》は，走《はし》っている電車《でんしゃ》に乗《の》っているのと同《おな》じようなもの。

乗《の》っている電車《でんしゃ》に急《きゅう》ブレーキがかかると…

地球《ちきゅう》に置《お》きかえると…
激《はげ》しい風《かぜ》がふき，人《ひと》は立《た》っていられなくなる。

地球《ちきゅう》は太陽《たいよう》のまわりを回《まわ》っている！

地球《ちきゅう》は北極側《ほっきょくがわ》から見《み》て時計《とけい》と反対回《はんたいまわ》りに，太陽《たいよう》のまわりを１年《ねん》で１周《しゅう》しているよ。これを公転《こうてん》といい，もし公転《こうてん》がなかったら，日本にあるような季節《きせつ》がなくなってしまう。

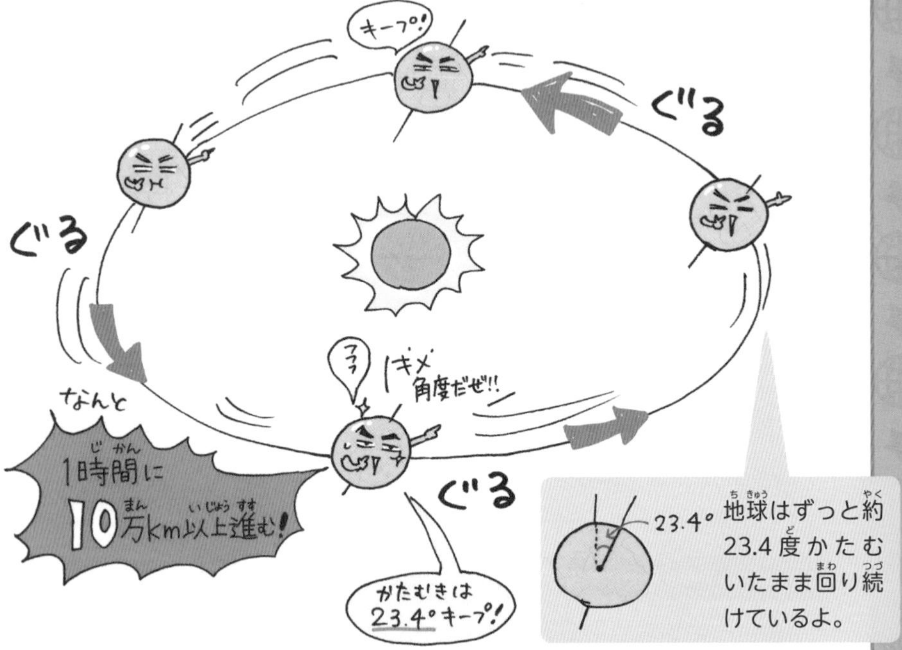
キープ!
ぐる
ぐる
フフフ
キメ角度だぜ!!
なんと
1時間《じかん》に
10万《まん》km以上《いじょう》進《すす》む!
ぐる
かたむきは
23.4°キープ!
23.4°
地球《ちきゅう》はずっと約《やく》23.4度《ど》かたむいたまま回《まわ》り続《つづ》けているよ。

太陽系《たいようけい》のほかの星《ほし》は？　星《ほし》の自転《じてん》と公転《こうてん》の速《はや》さは…。

水星《すいせい》
自転周期《じてんしゅうき》：約《やく》58.7日《にち》
公転周期《こうてんしゅうき》：約《やく》88.0日《にち》

金星《きんせい》
自転周期《じてんしゅうき》：約《やく》243日《にち》
公転周期《こうてんしゅうき》：約《やく》225日《にち》

火星《かせい》
自転周期《じてんしゅうき》：約《やく》24.6時間《じかん》
公転周期《こうてんしゅうき》：約《やく》687日《にち》

木星《もくせい》
自転周期《じてんしゅうき》：約《やく》9.94時間《じかん》
公転周期《こうてんしゅうき》：約《やく》11.9年《ねん》

土星《どせい》
自転周期《じてんしゅうき》：約《やく》10.7時間《じかん》
公転周期《こうてんしゅうき》：約《やく》29.5年《ねん》

天王星《てんのうせい》
自転周期《じてんしゅうき》：約《やく》17.2時間《じかん》
公転周期《こうてんしゅうき》：約《やく》84.0年《ねん》

海王星《かいおうせい》
自転周期《じてんしゅうき》：約《やく》16.1時間《じかん》
公転周期《こうてんしゅうき》：約《やく》165年《ねん》

キュウキュウはわくわく星《せい》の自転《じてん》を速《はや》める研究《けんきゅう》を始《はじ》めた。
つっ
模型《もけい》で実験《じっけん》を重《かさ》ね…
カタカタ カタカタ
自転《じてん》速度《そくど》の設定《せってい》 システム作成《さくせい》！
わくわく星《せい》で実験《じっけん》。
さーて朝日《あさひ》がのぼってきたぞ！
いいぞ！いいぞ！
成功《せいこう》か？
が…。
ギラ ギラ
いつまで昼間《ひるま》なんだ？オイラそろそろねたいんだけど…。
逆《ぎゃく》に遅《おそ》くなっちゃいました…。
別《べつ》の日《ひ》。
おいっ夜《よる》になるのが早《はや》すぎないか？
今度《こんど》は速《はや》くしすぎました！
あれ!?
キュウキュウはあきらめずに研究《けんきゅう》を続《つづ》けた。
カタカタ
そしてついに!!
やった!! できた
社長《しゃちょう》ーー！
わくわく星《せい》の自転《じてん》システムが完成《かんせい》しました！
ってがんばってたのワタシだけじゃないですかー!!
ぐーぐー

地《ち》球《きゅう》を守《まも》る磁《じ》石《しゃく》の力《ちから》

わくわく星《せい》の海《うみ》は最高《さいこう》だな！
はい～気持《きも》ちいいですね～。
ある日《ひ》のチーチーとキュウキュウ。
やっぱり目玉《めだま》はこの、海体験《うみたいけん》だよな！
ですね！
!?
ところでオイラさっきから背中《せなか》がチクチクして痛《いた》いんだが…。気《き》のせいかな。
ワタシも顔《かお》が…。
キュウキュウちょっと背中《せなか》を見《み》てくれないか？
はいっ！
社長《しゃちょう》～～！背中《せなか》が真《ま》っ赤《か》です！
ビリビリ
ううっ…。

日焼《ひや》け？だけど地球《ちきゅう》の海《うみ》で遊《あそ》んだときはここまで痛《いた》くならなかったぞ？
社長《しゃちょう》わかりました！
「宇宙線《うちゅうせん》」という危険《きけん》な放射線《ほうしゃせん》が当《あ》たっているからです！
何《なに》っ⁉
どこかの宇宙船《うちゅうせん》からこうげきが…⁉
UFO《ユーフォー》とか？
…？
ちがいます！宇宙線《うちゅうせん》です！
ワタシたちササタケ星人《せいじん》は日焼《ひや》け程度《ていど》で済《す》みましたが
ガクガク
何《なに》いいっ！
地球《ちきゅう》の生物《せいぶつ》には放射線《ほうしゃせん》はものすごく危険《きけん》なようです！
日焼《ひや》け程度《ていど》の痛《いた》み
ササタケ星人《せいじん》
地球人《ちきゅうじん》
体《からだ》の細《さい》ぼうを
キケン!!
破《は》かいする！
地球《ちきゅう》で体《からだ》が全然《ぜんぜん》痛《いた》くならなかったのは
有害《ゆうがい》宇宙線《うちゅうせん》
くるなくるな！
えいっ
S
N
地球《ちきゅう》は磁石《じしゃく》になっていて、その磁石《じしゃく》の力《ちから》で地球自体《ちきゅうじたい》が有害《ゆうがい》な宇宙線《うちゅうせん》をはね返《かえ》しているからだったんです。
まじーっ⁉

地磁気《ちじき》って何《なに》？

実《じつ》は地球《ちきゅう》は内部《ないぶ》に磁石《じしゃく》の力《ちから》を持《も》っている。
これを地磁気《ちじき》というよ。

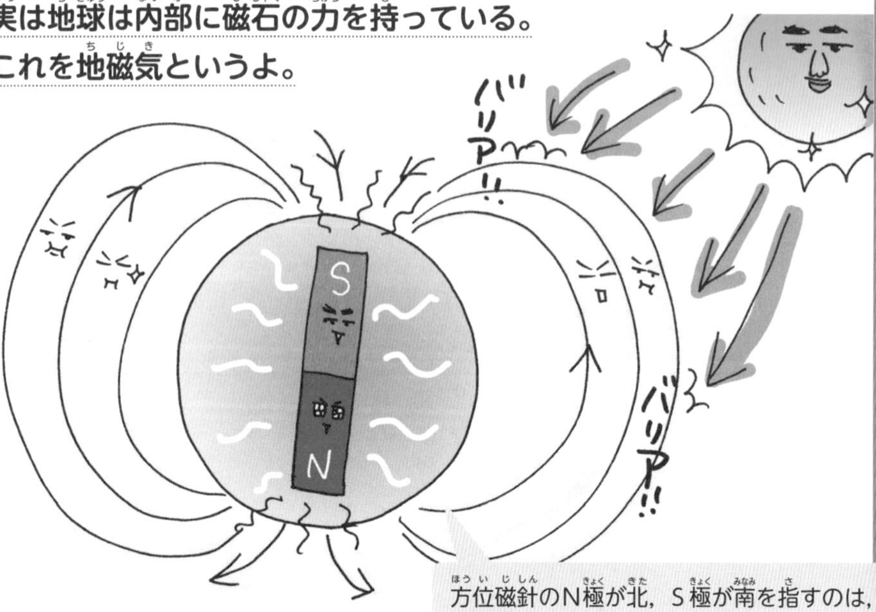

方位磁針《ほういじしん》のN極《きょく》が北《きた》，S極《きょく》が南《みなみ》を指《さ》すのは，地磁気《ちじき》がはたらいているからだよ。

もし地磁気《ちじき》がなかったら…

方位《ほうい》がわからなくなる

方位磁針《ほういじしん》が北《きた》や南《みなみ》を指《さ》さなくなる。海《うみ》や山《やま》や星《ほし》などの目印《めじるし》がないと，どのように進《すす》めばいいかわからなくなってしまうよ。

宇宙線《うちゅうせん》や太陽風《たいようふう》が降《ふ》り注《そそ》ぐ

宇宙線《うちゅうせん》や太陽風《たいようふう》は有害《ゆうがい》な放射線《ほうしゃせん》。地磁気《ちじき》は人間《にんげん》にとって有害《ゆうがい》な放射《ほうしゃ》線《せん》をはね返《かえ》しているんだよ。

磁石《じしゃく》バリア
宇宙線《うちゅうせん》
ハーーッ
地球《ちきゅう》ってすごいな〜。
フムフム〜
へ〜っ
って感心《かんしん》してる場合《ばあい》じゃないぞ！いったん帰《かえ》ろう！
ヒヤスノガイチバンデス
ぐったり
痛《いた》〜い！ 痛《いた》すぎる！
これじゃわくわく星《せい》なんかじゃない！もはやチクチク星《せい》だ！
海香《うみか》へ
わくわく星《せい》でのテーマパークづくりはいったん中止《ちゅうし》する。オイラはもうダメだ。
ポチ
ポチ
プルル
プルル
海香《うみか》着信《ちゃくしん》
チーチー！
アイデアにつまったときは休《きゅう》けいするといいよ。
いっしょにおばあちゃんちの温泉《おんせん》に行《い》かない？
温泉《おんせん》？
なんだそれは!!

ササタケ星人《せいじん》のひみつ

みんな, オイラたちのこと, もっと知《し》りたいだろう!?

ひみつ 1

人間《にんげん》が息《いき》を吸《す》って生《い》きるように, ササタケ草《そう》を食《た》べることで生《い》きている。

うまい

ひみつ 2

ササタケ星人《せいじん》の半分《はんぶん》は, パンダのような見《み》た目《め》をしているが, パンダではない。

じつはササタケ星人《せいじん》!?
に、にてるな、おまえ
じー

ひみつ 3

ササタケ草《そう》が足《た》りなくなると, 白《しろ》い部分《ぶぶん》と模様《もよう》の色《いろ》が逆《ぎゃく》になる。

あれ!?

ひみつ 4

頭《あたま》のアンテナをつけていることで, 宇宙《うちゅう》のほかの星《ほし》の言葉《ことば》がわかる。

ひみつ 5

買《か》い物《もの》はすべて宇宙《うちゅう》のほかの星《ほし》から, 宇宙《うちゅう》ネットを利用《りよう》して取《と》り寄《よ》せている。

宇宙《うちゅう》トロピカル
宇宙《うちゅう》ビール

ひみつ 6

アストロ不動産社員《ふどうさんしゃいん》は, このベルトをつけている。

実《じつ》はこれ、重力調整装置《じゅうりょくちょうせいそうち》です!

2章《しょう》

地球《ちきゅう》の活動《かつどう》ってすごい！

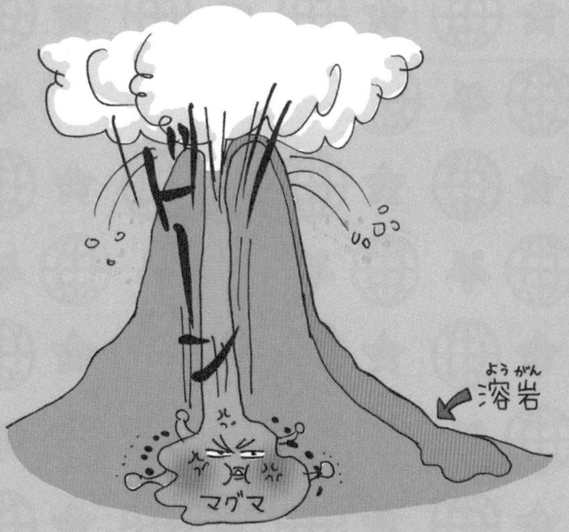

海香《うみか》のおばあちゃんの温泉宿《おんせんやど》。
たまの湯《ゆ》
おーっ これが温泉宿《おんせんやど》なのか! 何《なに》かけむりっぽいものが見《み》えるぞ。
ひとりでよく来《き》たね!
おばあちゃん!
じつはねひとりじゃないんだよ!
ササタケ星《せい》から来《き》ました! チーチーです。
キュウキュウです
宇宙人《うちゅうじん》!?
ベリっ
あれま!
わざわざ宇宙《うちゅう》から私《わたし》の温泉《おんせん》に!? うれしいわねえ~。どうぞ~さっそく入《はい》って!
海香《うみか》と同《おな》じノリ…。
これが温泉《おんせん》かあ~。
ポカポカ
体《からだ》がじんわり温《あたた》まる。

温《おん》泉《せん》ってどうやってできるの？

ながめもいいし…最高《さいこう》〜♪
そうだ！新《あたら》しい星《ほし》に温泉《おんせん》のテーマパークをつくるのもありだな！
オイラさえてる!!
どんなしくみなんだ？温泉《おんせん》ってのは。
おっ
あそこからお湯《ゆ》がどんどん出《で》てきているぞ！
打《う》たせ湯《ゆ》
なぞだらけだ…。
いや〜いいきもちだった〜
チーチーずいぶん長《なが》く入《はい》ってたね！
オイラ温泉《おんせん》の大《だい》ファンになったぞ！
でも温泉《おんせん》のしくみがわからないんだよなあ。
それならおばあちゃんに聞《き》いてみたら？

呼《よ》んだかね？
おばあちゃん！
フッフッフ
とうとう、この球子《たまこ》ばあちゃんの「たまの湯温泉《ゆおんせん》」の秘密《ひみつ》を明《あ》かす日《ひ》が来《き》たんじゃな！
ろ天《てん》ぶろに入《はい》ったときまわりに山《やま》が見《み》えたじゃろ。
あの山《やま》の下《した》に秘密《ひみつ》があるんじゃ。それはマグマといってな…、
はっ！そういえば
山《やま》の下《した》にアクマが…
いやー!!
ひぃぃ
ちがうよ
マ・グ・マ!!

温泉《おんせん》ができるしくみ

火山《かざん》の近《ちか》くに熱《あつ》いお湯《ゆ》がわき出《で》て温泉《おんせん》ができるのは，火山《かざん》の下《した》にマグマがあるからなんだ。このようなしくみでできている温泉《おんせん》を，火山性温泉《かざんせいおんせん》というよ。

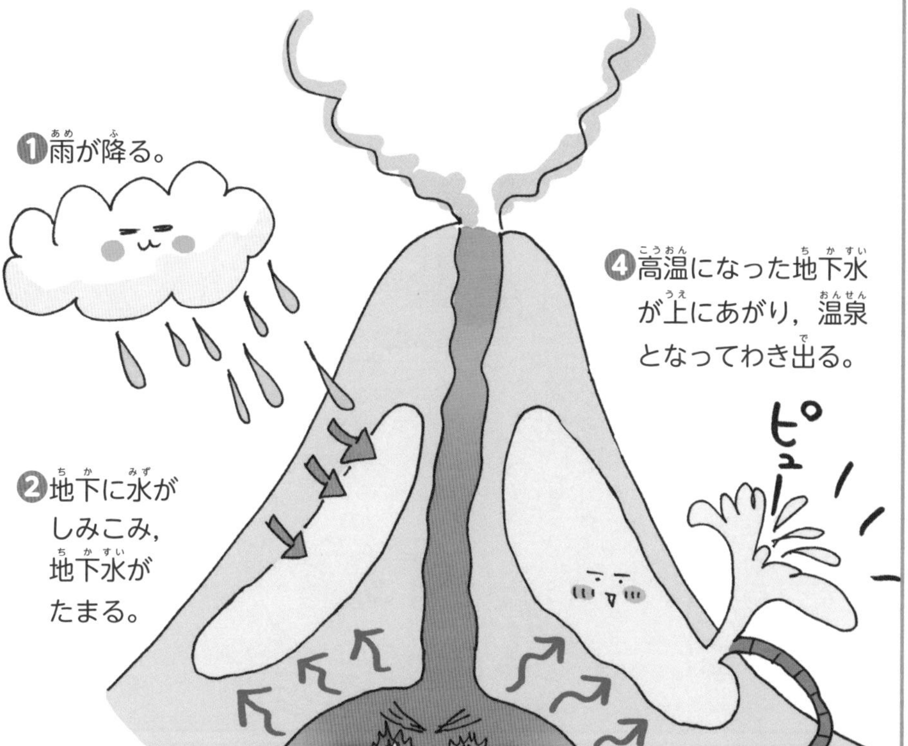
①雨《あめ》が降《ふ》る。
②地下《ちか》に水《みず》がしみこみ，地下水《ちかすい》がたまる。
③マグマの熱《ねつ》で，地下水《ちかすい》が温《あたた》められる。
④高温《こうおん》になった地下水《ちかすい》が上《うえ》にあがり，温泉《おんせん》となってわき出《で》る。
ピュー
たまの湯《ゆ》
マグマだまり
マグマがたまっているところ。
マグマの温度《おんど》は 900 ～ 1200 度《ど》。

火山《かざん》から遠《とお》い場所《ばしょ》でも温泉《おんせん》がわき出《で》ることがあるのじゃ。
それらは非火山性温泉《ひかざんせいおんせん》と呼《よ》ばれるんじゃよ。

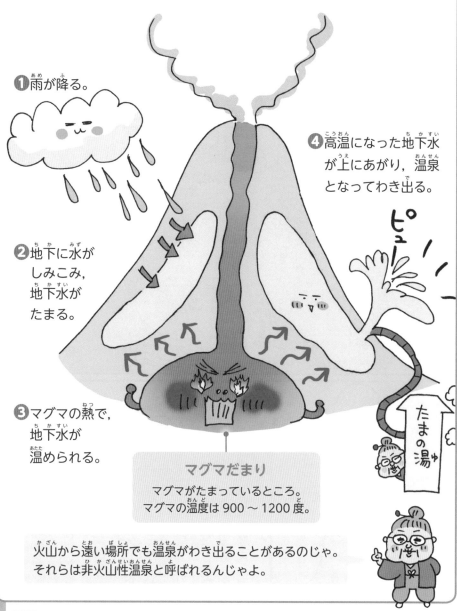

温泉《おんせん》はマグマの熱《ねつ》でできたんじゃ！
マグマの熱《ねつ》で地下水《ちかすい》が温《あたた》められて地上《ちじょう》にわき出《だ》した、ってわけじゃ。
温泉《おんせん》
地下水《ちかすい》
マグマ
フム フム
へえ～そうだったんだ～！
つまり温泉《おんせん》にはアクマが欠《か》かせないんだな。
マグマじゃ！
なるほど！
ホレ
あの山《やま》でも温泉《おんせん》がわき出《で》ているんじゃ。
温泉《おんせん》が出《で》てるところがあるの!?
見《み》てみたーい！
じゃあ明日《あした》山《やま》に行《い》ってみようかね。
やったー！楽《たの》しみ！
ワーイ
ワーイ
しめしめ…。マグマを見《み》つけて
ちょいといただいちゃおっと♥

いよいよ山登《やまのぼ》り。
出発《しゅっぱつ》ー！
ちょっとキツいがんばっての！
はーい
おう！
おばあちゃんにはキツくてもオイラたちには余裕《よゆう》でしょ〜。
くすっ
スタ
スタ
お、おばあちゃん!?
早《はや》っ！
もうあそこー!!
ヨロ〜
ヨロ〜
つかれた…。
熱《あつ》っ
プシュー
何《なん》だ!?
フーフー
ボコッ
ボコ
キャーッ!!

ハッハッハ。
それがマグマに
温《あたた》められてふき出《だ》した
温泉《おんせん》じゃよ。
ホカ
ホカ
ええ～っ！
はっ！
ということは
この下《した》には
アクマ……
じゃなかった。
マグマが!?
マグマさーん
いるんですか～？
もしもーし！
？？
コンコン
マ・グ・マ
さーん♪
うわ～
熱《あつ》っ！
あれま！
大《おお》きい温泉《おんせん》をほり当《あ》て
ちゃったみたいだね～！
たまげた!!
ブシュー
チーチー
すごいじゃん！

マグマってどんなもの？

マグマは，地球《ちきゅう》の中《なか》の，マントルという岩《いわ》のようなものなどがとけたもの。どろどろの液体《えきたい》だよ。マグマは地下深《ちかふか》くで冷《ひ》えて固《かた》まったり，地表《ちひょう》に出《で》て冷《ひ》えて固《かた》まったりすると，岩《いわ》にもどる。マグマは地表《ちひょう》に出《で》ると溶岩《ようがん》と呼《よ》ばれる。

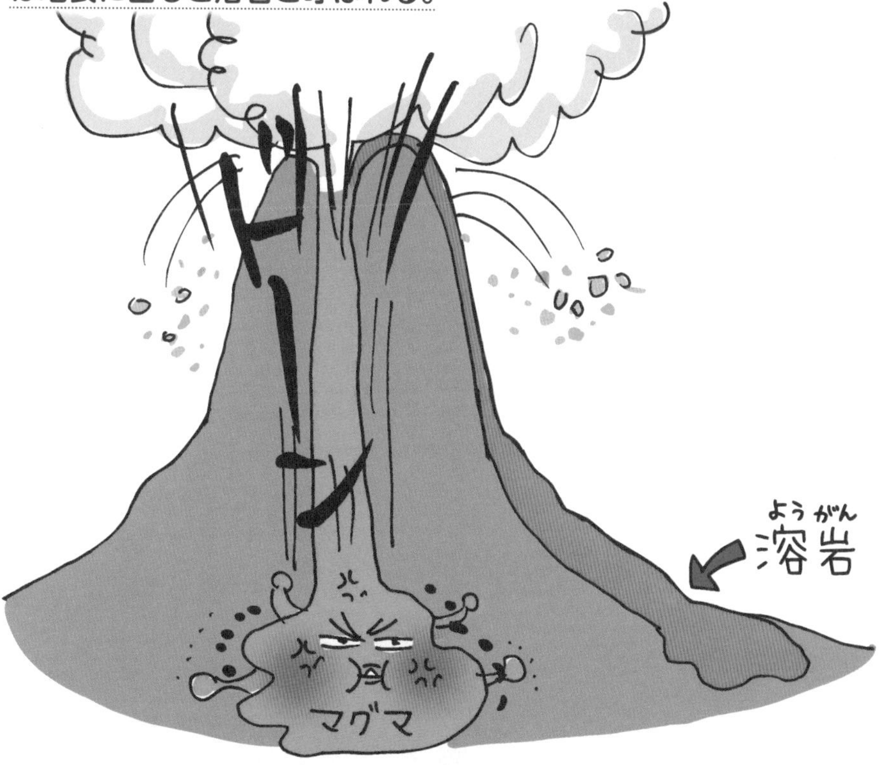
溶岩《ようがん》
マグマ

うわ～どろどろ！
黒《くろ》い部分《ぶぶん》が冷《ひ》えた溶岩《ようがん》!?

火《か》山《ざん》はどうやってできるの？

見《み》て見《み》て〜！
チーチー
きれいな
景《け》色《しき》だよ〜。
キャー
やれやれ
やっと頂上《ちょうじょう》
かあ〜。
わーっ
お〜っ
ところで
山《やま》って
どうやって
できたの
かな？
そんなの
だれかが
つくったんじゃ
ないの？
だれかって
だれよ〜。
……。
エッ
ジャジャーン
はい！
球《たま》子《こ》ばあちゃんの
クイズコーナー！

さて この火山《かざん》は どうやって できたでしょう？
はいっ！
風《かぜ》で 土《つち》が 運《はこ》ばれてきた！
ポンッ！！
こんな 感《かん》じ
ブーーッ
ププププ
はいっ！
ポンッ
岩《いわ》っぽい 宇宙人《うちゅうじん》が 積《つ》み 重《かさ》なって いる！
こんな 感《かん》じ
ブーーッ
ガーン
ふたりとも ぜーんぜん ちがう！ 不正解《ふせいかい》！
正解《せいかい》は 「ふん火《か》で 出《で》たマグマが 積《つ》み重《かさ》なってできた」。
この辺《あた》りの 山《やま》はみんな そうじゃよ。
ドロドロ
ドロ
ドロ
どんどん つみ重《かさ》なって 山《やま》に!!
ふん火《か》で できた山《やま》を 「火山《かざん》」と いうんじゃ。

火山《かざん》ができるしくみ

火山《かざん》とは，地下《ちか》のマグマがふん火《ひ》して積《つ》み重《かさ》なってできた山《やま》のことだよ。火山《かざん》は，ふん火《か》をくり返《かえ》して成長《せいちょう》していくんだ。

❶マグマが地表《ちひょう》に出《で》る。(＝ふん火《か》)
❷溶岩《ようがん》が流《なが》れ出《で》て，火山灰《かざんばい》が空《そら》に舞《ま》う。
❸溶岩《ようがん》が冷《ひ》えて固《かた》まったり，火山灰《かざんばい》が降《ふ》り積《つ》もったりして，山《やま》ができる。

火山《かざん》がふん火《か》すると…

ふん石《せき》が飛《と》ぶ

大《おお》きな岩石《がんせき》が猛《もう》スピードで飛《と》んでくると，屋根《やね》をつき破《やぶ》るほどの力《ちから》があるよ。

溶岩流《ようがんりゅう》が起《お》きる

溶岩流《ようがんりゅう》は高温《こうおん》の液体《えきたい》。流《なが》れはゆっくりだけど，流《なが》れた場所《ばしょ》をすべて焼《や》きつくすよ。

火《か》さい流《りゅう》が起《お》きる

高温《こうおん》の火山《かざん》ガスに火山灰《かざんばい》や岩《いわ》，砂《すな》などが混《ま》じって，猛《もう》スピードで流《なが》れてくる。流《なが》れた場所《ばしょ》をすべて焼《や》きつくすよ。

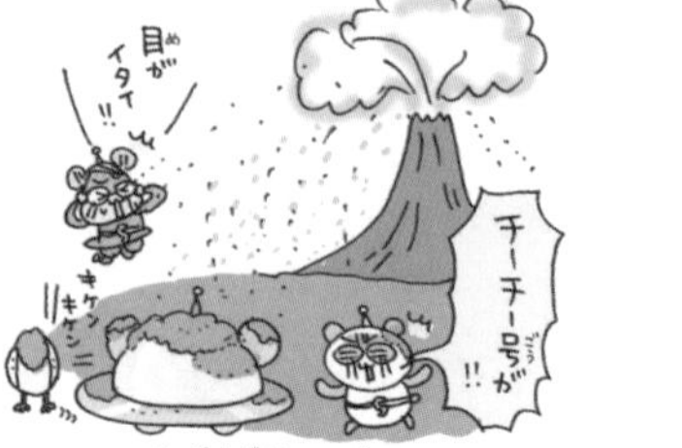

火山灰《かざんばい》が降《ふ》る

火山灰《かざんばい》が畑《はたけ》に積《つ》もると農作物《のうさくぶつ》が育《そだ》たなくなる。人間《にんげん》の目《め》に入《はい》ったり，肺《はい》に入《はい》ったりする健康被害《けんこうひがい》もあるよ。

身近《みぢか》な山《やま》が火山《かざん》だったなんて知《し》らなかったー。
ということはこの辺《へん》の岩《いわ》や石《いし》はマグマが冷《ひ》えたものってこと!?
!?
コレも!!
キョロキョロ
この石《いし》も…。
岩《いわ》がとけてたなんて火山《かざん》ってすごいね〜。
そうじゃな。日《ひ》が暮《く》れないうちにそろそろ下山《げざん》するかの〜。
さささーっ
よし今《いま》のうちにこっそり…。
マグマの岩《いわ》ゲット！
これを持《も》って帰《かえ》って熱《ねつ》でとかせば
マグマができるかもしれない…！
ぐふふふ

チーチー そろそろ 下《お》りるって～。
ギクッ!
ごそごそ
うっ
ズッシリ
うおぉ～
なんか 重《おも》そうだね……。
チーチー だいじょうぶ？ 荷物持《にもつも》とうか？
!?
まずい！ こっそり岩《いわ》を 持《も》ち帰《かえ》るのが ばれちゃう！
ずしっ
平気《へいき》平気《へいき》。 よ、よし 帰《かえ》るか～！
ううう 重《おも》いよ～。
帰《かえ》り道《みち》は ゆるやかで 楽《らく》だね～♪
ハッハッハ
帰《かえ》ったら温泉《おんせん》で つかれを 取《と》りましょう。
キャッ キャッ
チーチーだけは 帰《かえ》りも楽《らく》じゃないのだった。

日本には火山《かざん》がいっぱい！

日本には，過去《かこ》1万年《まんねん》以内《いない》にふん火《か》したことがある活火山《かつかざん》が，全《ぜん》国《こく》で約《やく》110ある。東《ひがし》日本や北海道《ほっかいどう》，九州《きゅうしゅう》に多《おお》く分布《ぶんぷ》していることがわかるね。

日本の主《おも》な活火山《かつかざん》

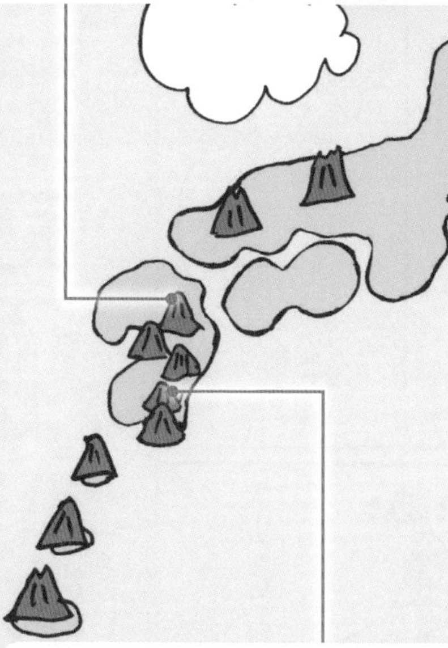

阿蘇山《あそさん》（熊本県《くまもとけん》）

今《いま》も煙《けむり》をふき上《あ》げている火口《かこう》があり，火山活動《かざんかつどう》が活発《かっぱつ》。

桜島《さくらじま》（鹿児島県《かごしまけん》）

かつて島《しま》だった桜《さくら》島《じま》は，1914年《ねん》のふん火《か》で陸続《りくつづ》きになったよ。

富士山《ふじさん》（静岡県《しずおかけん》，山梨県《やまなしけん》）

日本で一番高《いちばんたか》い山《やま》で，今《いま》の形《かたち》になったのは約《やく》1万年《まんねん》前《まえ》。

地《ち》球《きゅう》の中《なか》を見《み》てみよう

はぁ〜温《おん》泉《せん》入《はい》ったらつかれが取《と》れた〜。
チーチーも入《はい》ってきなよ〜。
ぐったり…
オイラちょっと休《やす》む…。
たましいぬけちゃってる…。
そういえば、地《ち》球《きゅう》の中《なか》ってどうなってるんだろう？
まあまあ、みかんでも食《た》べましょうよ。
もぐ
もぐ
マグマが出《で》てくる火《か》山《ざん》の中《なか》も気《き》になる…。
マグマ
うーん
ほってみたらわかるかもしれませんね！

けっこう
ほらないとだよね…。
うーん
よし！
ウィイ〜ン
せめて
こういうの
想像《そうぞう》して〜！
ズコーーッ
クルッ
チーチーも
知《し》りたくない？
チーチー!!
だいじょうぶ!?
チーチーの
体力《たいりょく》メーター
ヨボヨボ…
おやつに
温泉卵《おんせんたまご》あるよ〜。
はい
はーい
おやつ!!
ホカホカ
ガバッ
地球《ちきゅう》の中《なか》は、
卵《たまご》にそっくり
なんじゃよ！
エーッ

地球《ちきゅう》の中《なか》は，卵《たまご》に似《に》てる!?

地球《ちきゅう》は，核《かく》，マントル，地《ち》かくの３つの層《そう》に大《おお》きく分《わ》かれていて，ゆで卵《たまご》のつくりとよく似《に》ている。比《ひ》かくしながら見《み》てみよう。

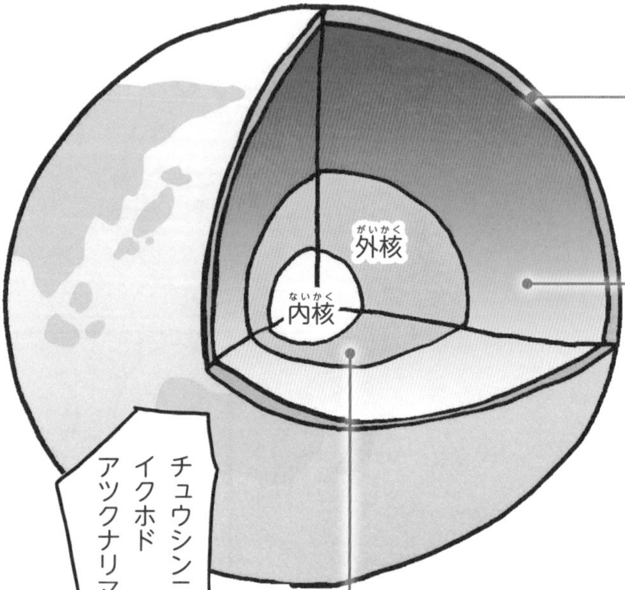

地《ち》かく

地球《ちきゅう》の表面《ひょうめん》をおおう，厚《あつ》さ５～70 ㎞ほどのかたい岩石《がんせき》。（ゆで卵《たまご》のからの部分《ぶぶん》）

マントル

地《ち》かくより重《おも》い，岩石《がんせき》の層《そう》。上部《じょうぶ》マントルと下部《かぶ》マントルがあるよ。（ゆで卵《たまご》の白身部分《しろみぶぶん》）

核《かく》

地球《ちきゅう》の最《もっと》も深《ふか》いところにある部分《ぶぶん》。鉄《てつ》などの金属《きんぞく》でできているとされる。外核《がいかく》と内核《ないかく》に分《わ》かれていて，外核《がいかく》は液体《えきたい》，内核《ないかく》はおよそ 6000 度《ど》の固体《こたい》と考《かんが》えられている。（ゆで卵《たまご》の黄身部分《きみぶぶん》）

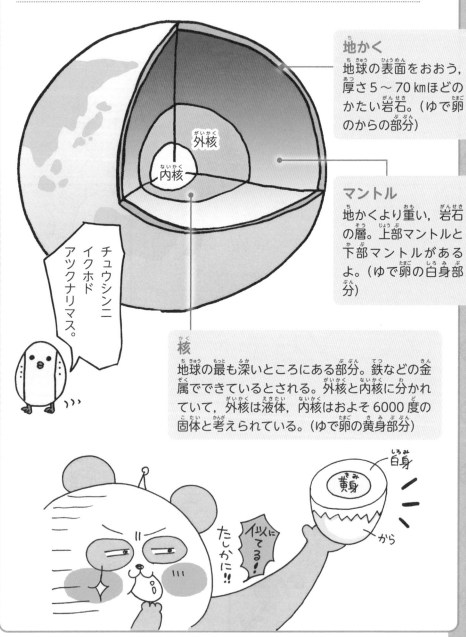

実《じつ》は地球《ちきゅう》の表面《ひょうめん》も卵《たまご》にそっくりなんじゃ！
よいしょ！
地球《ちきゅう》はいくつもの「プレート」といわれる岩石《がんせき》の板《いた》でおおわれているんじゃ！
ちょうどこの卵《たまご》みたいにからにひびが入《はい》ったような感《かん》じじゃ。
たとえば日本のまわりはこうじゃ！
さっ
この線《せん》はプレートの境目《さかいめ》ってこと？
ん？ わたし気付《きづ》いちゃったんだけど…。
エーッ
日本って、もしかしてめちゃくちゃプレートの境目《さかいめ》にかぶってない!?
そうなのよ〜
北《きた》アメリカプレート
ユーラシアプレート
セッオー！
太平洋《たいへいよう》プレート
乗《の》っちゃってるよ！
フィリピン海《かい》プレート
どうも！
どんだけー!!

世界《せかい》はプレートの上《うえ》に乗《の》っている

74ページで見《み》た，マントルの上部《じょうぶ》のかたい部分《ぶぶん》と地《ち》かくを合《あ》わせて「プレート」という。私《わたし》たちが生活《せいかつ》している陸《りく》やそのまわりの海《うみ》は，十数枚《じゅうすうまい》のプレートの上《うえ》にあるんだ。プレートはそれぞれが少《すこ》しずつ動《うご》いているよ。

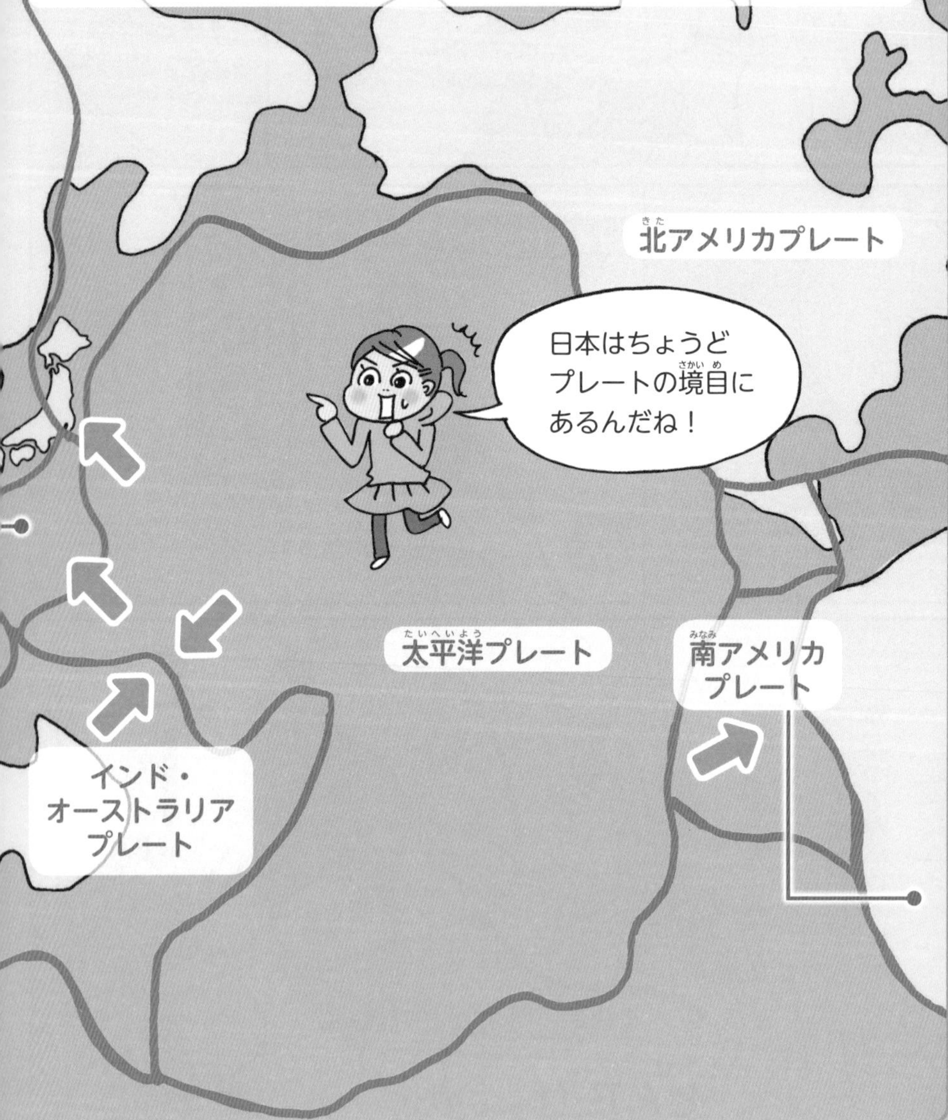
北《きた》アメリカプレート
日本はちょうどプレートの境目《さかいめ》にあるんだね！
太平洋《たいへいよう》プレート
南《みなみ》アメリカプレート
インド・オーストラリアプレート

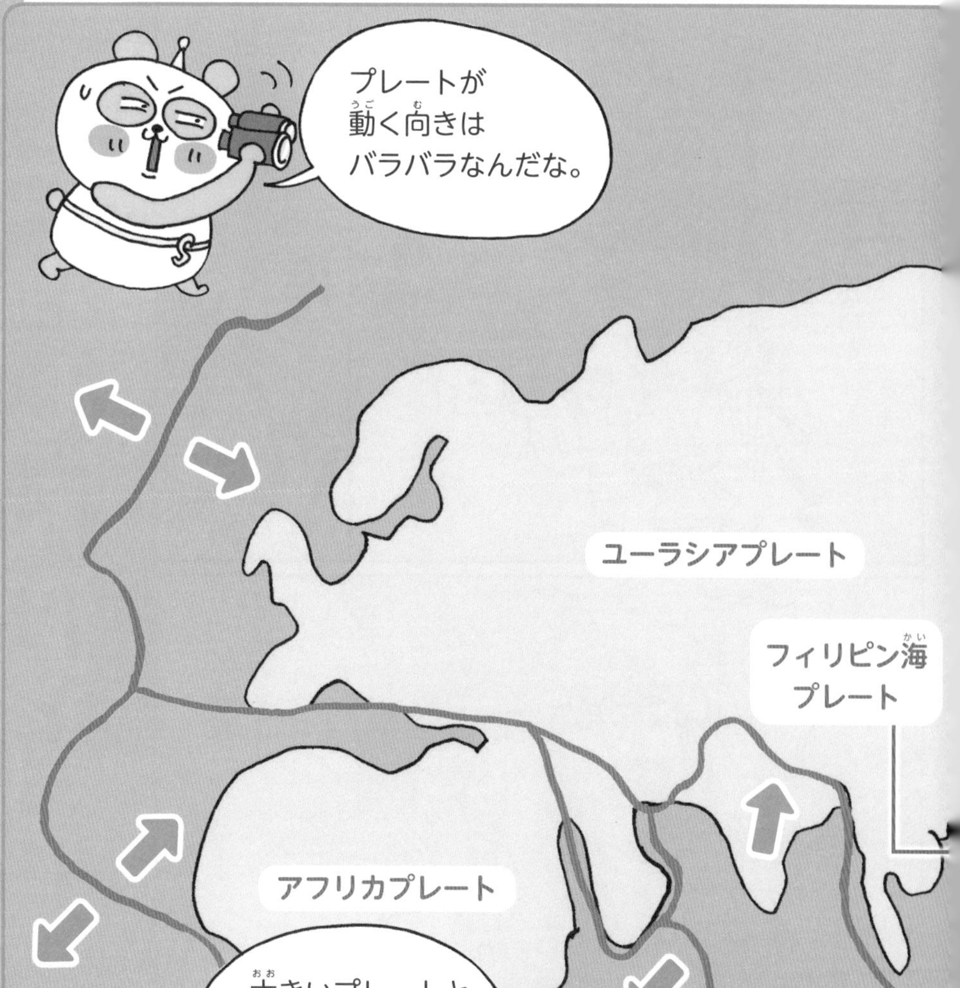

プレートが動《うご》く向《む》きはバラバラなんだな。
ユーラシアプレート
フィリピン海《かい》プレート
アフリカプレート
大《おお》きいプレートと小《ちい》さいプレートがありますね！
南極《なんきょく》プレート
プレートが動《うご》く向《む》き

地《じ》しんはどうして起《お》きるの？

プレートの境目《さかいめ》ってことは！
はっ
!?
ヒイイッ
ピシピシ
キャー
気《き》を付《つ》けないととつ然《ぜん》…。
うっかり落《お》ちるとか…。
チーチー！わたしの手《て》につかまって！
海香《うみか》オイラはもう…ムリだ…
アッハッハ
そんなことにはめったにならん！
なんだよかった～。
ホッ
おいっ
なんで落《お》ちるほうオイラなんだよっ！

でも地《じ》しんは起《お》きやすいかもしれんのう。
グラ
グラ
!?
あっ！地《じ》しんだ!!
なんか部屋《へや》がゆれてないか？気《き》のせい？
グラ
グラ
気《き》のせいじゃないぞ。
ゆれておる。すぐに避難《ひなん》じゃ！
ササタケ星《せい》にはない動《うご》きですね。
!?
いない…
チーチー！初《はじ》めての地《じ》しんなのに避難《ひなん》のしかた知《し》ってたの!?
社長《しゃちょう》！さすがです！
やるのう
ブル
ブル

プレートの境界《きょうかい》は地《じ》しんが多《おお》い？

日本はどうして地《じ》しんが多《おお》いのだろう。それは，日本がプレートの境界《きょうかい》の上《うえ》にあることに関係《かんけい》している。プレートの境界《きょうかい》の海《かい》こうで起《お》きる地《じ》しんのことを，海《かい》こう型《がた》地《じ》しんという。

海《かい》こう
海《うみ》の底《そこ》の細長《ほそなが》く深《ふか》くなっている場所《ばしょ》。プレートがしずみこんでいる。
海《かい》こう型《がた》地《じ》しんは，ゆれるはん囲《い》が広《ひろ》く，大地《だいじ》しんになりやすいのじゃよ。

海《かい》こう型《がた》地《じ》しんが起《お》きるしくみ

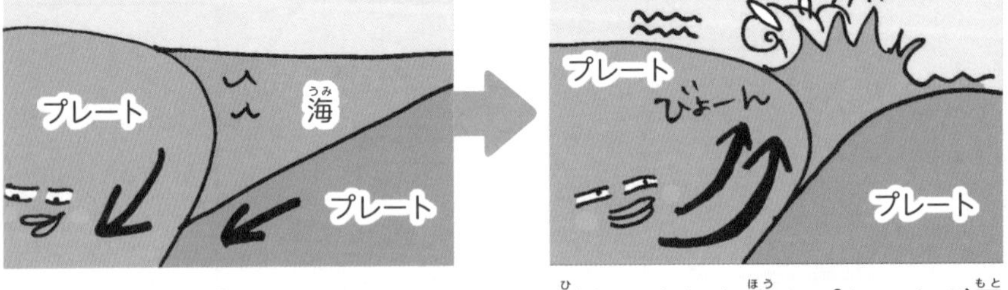
プレート
海《うみ》
プレート
プレート
びょーん
プレート

プレートがしずみこむとき，もうひとつのプレートをいっしょに引《ひ》きこむ。

引《ひ》きこまれた方《ほう》のプレートが元《もと》にもどろうとしてはね上《あ》がり，その力《ちから》で地《じ》しんが発生《はっせい》する。

内陸型地《ないりくがたじ》しんが起《お》きるしくみ

内陸型地《ないりくがたじ》しんは，断《だん》層《そう》（プレートの内部《ないぶ》に力《ちから》がかかり，地面《じめん》がずれてしまった場《ば》所《しょ》）で起《お》きる。海《かい》こう型地《がたじ》しんよりゆれるはん囲《い》はせまいよ。

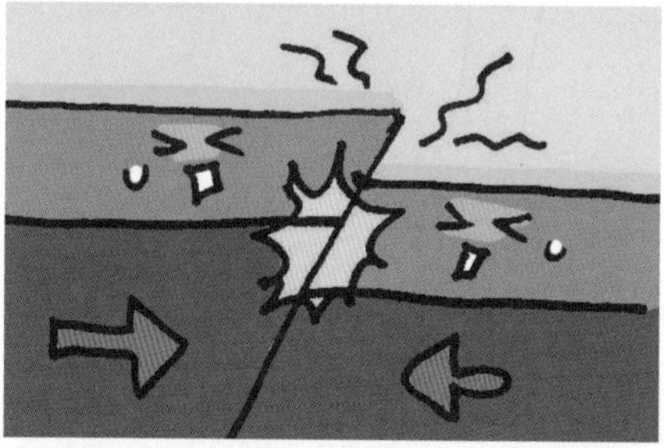

日本はプレートが入《い》り組《く》んでるからどうしても地《じ》しんが多《おお》いけど……
おばあちゃんもホレ!!
ジャーン
防災《ぼうさい》リュックの用意《ようい》はバッチリ!!
たまご
プレートの境目《さかいめ》の近《ちか》くにはマグマができやすい!
ぐいぐい
ぐいぐい
マグマ
マグマがあると火山《かざん》ができる。
ドカーン!!
火山《かざん》があるおかげで温泉《おんせん》が出《で》る!
ほかにも火山《かざん》があるといいことがいろいろあるんじゃよ。
日本のよいところじゃよ✧
マグマ
温泉《おんせん》

火山《かざん》があるって，こんなにイイ！

火山《かざん》がふん火《か》するととても危険《きけん》だけど，火山《かざん》があるおかげで，私《わたし》たちの暮《く》らしに役立《やくだ》つこともたくさんある。どんなことがあるか知《し》っておこう。

美《うつく》しい景色《けしき》が見《み》られる

火山《かざん》がつくった美《うつく》しい山並《やまな》みや，めずらしい地形《ちけい》は，人々《ひとびと》の心《こころ》をひきつける観光資源《かんこうしげん》となる。

温泉《おんせん》がわき出《で》る

地下水《ちかすい》がマグマで温《あたた》められ，たくさんの温泉《おんせん》がわき出《で》るため，火山《かざん》の周辺《しゅうへん》は温泉観光地《おんせんかんこうち》になる。

地熱発電《ちねつはつでん》ができる

マグマで温《あたた》められた高温《こうおん》の蒸気《じょうき》や温泉水《おんせんすい》の熱《ねつ》を使《つか》って，電気《でんき》をつくることができる。

こんなにいいことがあるなら，火山《かざん》があってもいっか！

海《うみ》の底《そこ》に火山《かざん》がある!?

そういえば海底《かいてい》にも火山《かざん》があるらしいのう。
エー!!ッ
海《うみ》の中《なか》に!?
よし!探検《たんけん》に出発《しゅっぱつ》だ!
オーーッ
すごい!!
この宇宙船《うちゅうせん》はどこでも行《い》けるすぐれものだからな。
ザバシャーン
けっこう深《ふか》いところまで来《き》たぞ。
ブクブク

!?
キャーーーッ
うわあ～
なんだここは!!
オバケだらけ！
ヒタッ
ヒイイ～
まさか海底《かいてい》に
オバケ屋《や》しきが
あったとは!!
こわ～
オイラ、
もう地上《ちじょう》に
もどりたく
なってきた…。
エーッ!!

深海《しんかい》ってどんなところ？

水深《すいしん》 200 mより深《ふか》いところを「深海《しんかい》」という。深海《しんかい》は太陽《たいよう》の光《ひかり》が届《とど》かないため真《ま》っ暗《くら》で，深《ふか》くなるほど水圧《すいあつ》（水《みず》の重《おも》さによってかかる力《ちから》）が高《たか》くなるんだ。もし人間《にんげん》が深海《しんかい》までもぐったら，体《からだ》がつぶれてしまうよ。

水深《すいしん》 0m
マグロ
イワシ
シーラカンス
オウムガイ
200m
あれっ、オイラやせた!?
シュルシュル
スリム!!
1000m
ダイオウイカ
リュウグウノツカイ
深《ふか》くなるほど水温《すいおん》は下《さ》がり，
水深《すいしん》 1000m で 2 ～ 4 度《ど》に。
とっても冷《つめ》たい！
それ以上《いじょう》深《ふか》くなっても水温《すいおん》
は変《か》わらないよ。
きもちわるい!!
暗《くら》やみの深海《しんかい》では
目《め》が必要《ひつよう》ないから，
目《め》がない魚《さかな》もいるよ。
ダイオウグソクムシ
2000m
地球《ちきゅう》で一番深《いちばんふか》いところ
約《やく》 11000m

ん!?
あれは何《なん》だ？
これが海底《かいてい》の火山《かざん》…!?
もくもく
もくもく

プレートの一生《いっしょう》

プレートは海《うみ》の底《そこ》にある火山《かざん》の山脈《さんみゃく》（海《かい》れい）で生《う》まれ，少《すこ》しずつ移動《いどう》して，やがて海《かい》こうにしずんでいくよ。

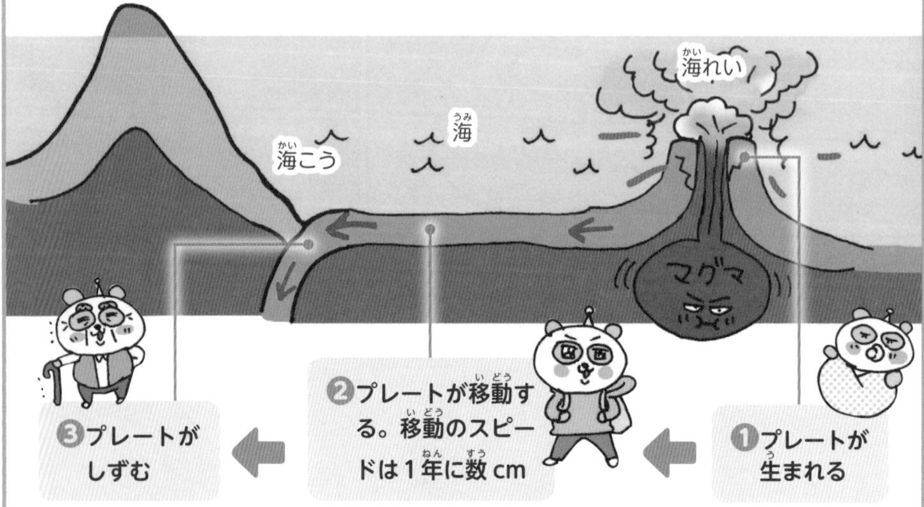
海《かい》れい
海《うみ》
海《かい》こう
マグマ
❸プレートがしずむ
❷プレートが移動《いどう》する。移動《いどう》のスピードは1年《ねん》に数《すう》cm
❶プレートが生《う》まれる

昔《むかし》，大陸《たいりく》はひとつだった

プレートが動《うご》くことで，大陸《たいりく》は分裂《ぶんれつ》と合体《がったい》をくり返《かえ》している。
ひとつの巨大大陸《きょだいたいりく》だったときもあると考《かんが》えられている。

約《やく》2.5億年前《おくねんまえ》 ➡ **現在《げんざい》**

パンゲア大陸《たいりく》と呼《よ》ばれる
巨大《きょだい》なひとつの大陸《たいりく》だった。

プレートの移動《いどう》によって
陸《りく》が動《うご》き，6つの大陸《たいりく》になった。

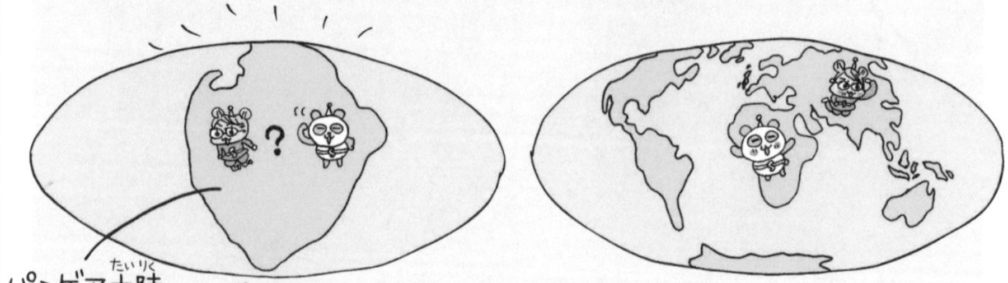
?
パンゲア大陸《たいりく》
ドーン

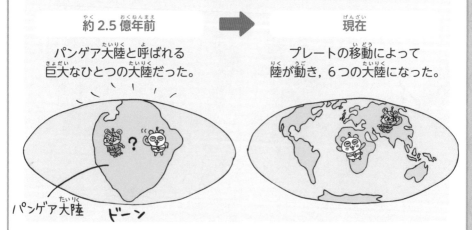

宿《やど》にもどったその夜《よる》。
ガチャン！ウィ〜ン
何《なん》の音《おと》だろう？
あれ…チーチーがいない。
ん？外《そと》から音《おと》がする…。
ウィイ〜ン
ササタケ星《せい》に持《も》って帰《かえ》ってから実験《じっけん》してもよかったけど…
気《き》になるもんね
やっぱり待《ま》ちきれない！マグマができるか拾《ひろ》ってきた岩《いわ》をとかしてみよう。
ゴトン
ゴトン
チーチー？何《なに》してるの？
ウィィ〜ン
ギク!!
この音《おと》何《なに》〜？夜中《よなか》だよ〜。
いや〜その〜
シュ〜
何《なに》かかくしてる？
マグマなんてないよ…。マグマなんて…。
あせ
あせ
シュ〜

ドッカーン
!?
え!?
何《なに》!?
キャーーッ
うわわー
たまの湯《ゆ》
ああ〜っ
オイラの
マグマ
製造機《せいぞうき》
が〜〜〜!!
何《なに》ごとじゃ!?
チーチー!!
これはどういう
ことなの!?
社長《しゃちょう》!!

3 章《しょう》

地球《ちきゅう》の歴史《れきし》ってすごい！

地《ち》球《きゅう》の昔《むかし》はどうやって知《し》るの？

これは恐竜《きょうりゅう》の化石《かせき》だよ。地球《ちきゅう》には昔《むかし》、恐竜《きょうりゅう》っていう生《い》き物《もの》がいたんだよ！
すごいでしょ！
恐竜《きょうりゅう》の足《あし》あと
・自分《じぶん》の足《あし》と大《おお》きさをくらべてみよう！
これが足《あし》…
む…昔《むかし》はこんなに巨大《きょだい》な動物《どうぶつ》がいたのか!!
信《しん》じられないっ！
コワイ
二人《ふたり》とも声《こえ》が大《おお》きいよ〜!!
しーっ
博物館《はくぶつかん》は静《しず》かにしないといけないの！
ひそひそ
はっ
気《き》をつけます！
あれっ？チーチーは？
キョロ
キョロ
チーチー！
ギクッ
まさか骨《ほね》を持《も》って帰《かえ》る気《き》じゃ…。
こりないチーチーなのだった。

化石《かせき》ってどんなもの？

さまざまな
化石《かせき》があるよ！

化石《かせき》とは，大昔《おおむかし》に生《い》きていた生《い》き物《もの》が土《つち》の中《なか》にうまり，その後《ご》何《なん》万年《まんねん》，何億年《なんおくねん》の間《あいだ》に固《かた》まったもの。足《あし》あとなど，生《い》きていた形《けい》せきがわかるものも化石《かせき》にふくまれるよ。化石《かせき》を見《み》ることで，どんな生《い》き物《もの》がどんな生活《せいかつ》をしていたかがわかるんだ。

骨《ほね》

生《い》き物《もの》の姿《すがた》や，大《おお》きさなどがわかるよ。ミイラで残《のこ》っていた化石《かせき》もあるんだ。

歯《は》

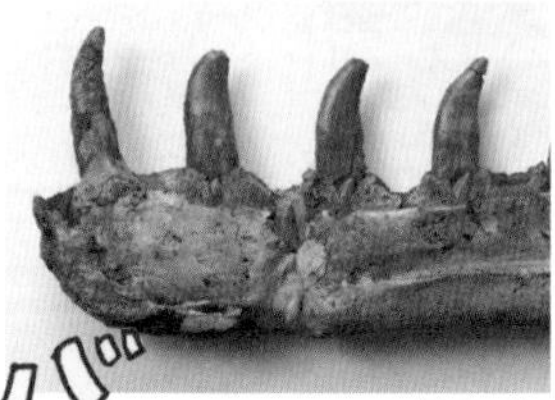

生《い》き物《もの》が食《た》べていたものや，肉食《にくしょく》か草食《そうしょく》かなどがわかる。

巣《す》や卵《たまご》

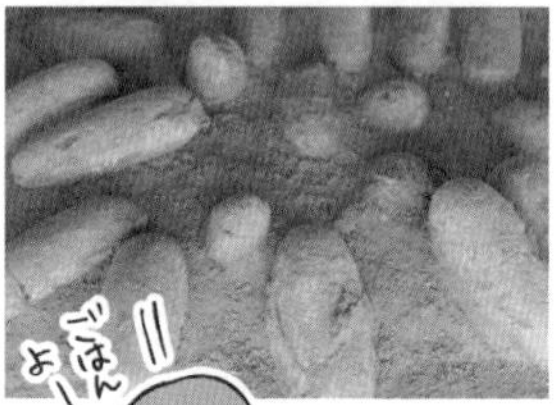

恐竜《きょうりゅう》の巣《す》の化石《かせき》は，恐竜《きょうりゅう》が子育《こそだ》てをしていた証拠《しょうこ》だともいわれているよ。

足《あし》あと

生《い》き物《もの》の種類《しゅるい》や，大《おお》きさがわかる。

フ　ン

大昔《おおむかし》の生《い》き物《もの》が食《た》べていたものがわかる。

植《しょく》　物《ぶつ》

植物《しょくぶつ》の種類《しゅるい》によっては，昔《むかし》の地球《ちきゅう》がどんな気候《きこう》だったかが，わかることもある。

地球《ちきゅう》にこんな生《い》き物《もの》がいたなんて、オイラ知《し》らなかった。
長《なが》い時間《じかん》をかけて、今《いま》の地球《ちきゅう》の姿《すがた》があるんですね！
ピーン
そうだ!!
新《あたら》しい星《ほし》をつくって昔《むかし》の地球《ちきゅう》をテーマにしたテーマパークをつくろう！
それいいね！ そうだ！ 帰《かえ》りにこの近《ちか》くの動物園《どうぶつえん》に行《い》かない!?
じゃあ行きましょう
なんだ？ またパンダか？
あそこあそこー！
海香《うみか》は本当《ほんとう》にパンダが好《す》きなんだなあ。
エーッ！
オイラにそっくり!!
パンダってこんなに人気《にんき》あるのか！ モテモテ…！
キャー
かわいい♡
わーっ♡
かわいいね♡
オイラもパンダみたいになりたい…。

地球《ちきゅう》はいつどうやって生《う》まれたの？

地球《ちきゅう》のことをもっと知《し》りたい！
♪～
宇宙《うちゅう》TV《テレビ》
タコリン
カタカタ
宇宙《うちゅう》最大《さいだい》の動画《どうが》サイト
宇宙《うちゅう》TV《テレビ》で調《しら》べよう！
地球《ちきゅう》の誕生《たんじょう》は約《やく》46億年前《おくねんまえ》。
えっ!!
どれ？
ん!?
どれが地球《ちきゅう》？
どこにあるの？
わたしは、タコリン。
これが地球《ちきゅう》だぜ！
コレ
最初《さいしょ》はちょー小《ちい》さいぜ！
ちっさ！
タコリンTV《テレビ》よろしく～♪
いいねしてね
では、つづきは次回《じかい》！
チャンネル登録《とうろく》たのむぜ！
もう終《お》わりかーい！
ズコー

ウィーーン
社長《しゃちょう》！
惑星《わくせい》が誕生《たんじょう》するところを見《み》つけました！
何《なに》っ!!
星《ほし》でリゾート
すぐに見《み》に行《い》くぞ！
オイラの新《あたら》しい星《ほし》〜♥
わくわく
ん〜？
ただの石《いし》ころしかないみたいだぞ？
この小《ちい》さな石《いし》どうしがぶつかったり合体《がったい》したりして惑星《わくせい》ができるんです。
まだ時間《じかん》がかかりそうですね〜。
よしオイラが合体《がったい》させる！
当《あ》たってくっつけろ作戦《さくせん》だ！
えっ!!
もう!?
GO《ゴ》!

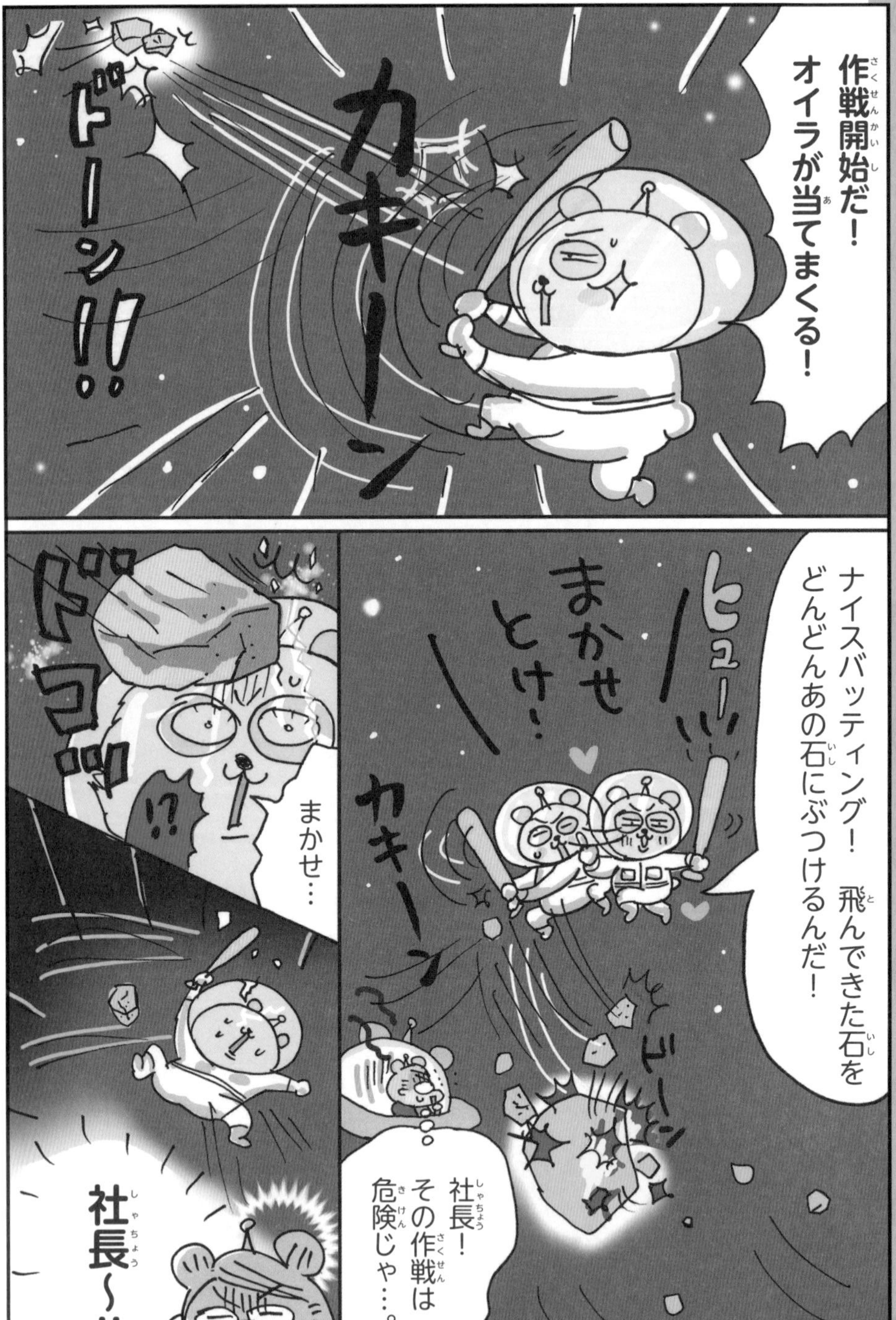
作戦開始《さくせんかいし》だ！
オイラが当《あ》てまくる！
カキーン
ドーーン!!
ナイスバッティング！ 飛《と》んできた石《いし》を
どんどんあの石《いし》にぶつけるんだ！
ヒューー
まかせとけ！
カキーン
ドーン
社長《しゃちょう》！
その作戦《さくせん》は
危険《きけん》じゃ…。
ドゴッ
!?
まかせ…
社長《しゃちょう》～!!

フーッ
なんのこれしき。
星《ほし》をつくるためなら…。
ヨロ…
ヨロ…
作戦《さくせん》失敗《しっぱい》
ですか？
まだまだー！
ハーッ
エイ
エイ
うおお〜〜！
社長《しゃちょう》！ すごい!!
星《ほし》ができていきます！
ドッゴーン
ドゴーン！
バーン
むくむく
むくむく
合《がっ》体《たい》！

地球《ちきゅう》ができるまで

昔《むかし》，とつ然《ぜん》宇宙《うちゅう》で
星《ほし》がばく発《はつ》して
バーン
宇宙《うちゅう》にチリができた。
チリが集《あつ》まって，
その中心《ちゅうしん》に太陽《たいよう》ができ，
キラキラ
ボク中心《ちゅうしん》
まわりでもチリが集《あつ》まって，
たくさんの小《ちい》さな星《ほし》ができた。
何度《なんど》も小《ちい》さな星《ほし》の
しょうとつがあり
ドーン
およそ46億年前《おくねんまえ》に，
地球《ちきゅう》ができた。
はじめまして地球《ちきゅう》です！
ピカピカ
これが生《う》まれたての
地球《ちきゅう》…！

チーチーたちの宇宙船《うちゅうせん》の中《なか》を見学《けんがく》してみよう！

宇宙《うちゅう》の電磁波《でんじは》を察知《さっち》するアンテナ。暗《くら》い場所《ばしょ》ではライトにもなる。
どんな熱《ねつ》にも，水《みず》にも，圧力《あつりょく》にも強《つよ》い。でもカビが生《は》えやすい。
ひみつがいっぱいですよ！
オイラたちの宇宙船《うちゅうせん》を大公開《だいこうかい》！
スピードを速《はや》くしているときは，地球上《ちきゅうじょう》の人間《にんげん》の目《め》には見《み》えない。
そうじゅう席《せき》の下《した》に入《はい》る，荷物《にもつ》の容量《ようりょう》は無限《むげん》。

コックピット

タイムスリップ装置《そうち》。キュウキュウが改造中《かいぞうちゅう》
今《いま》いる星《ほし》の場所《ばしょ》がわかる，3D《スリーディー》マップ
星《ほし》の肥料発射《ひりょうはっしゃ》などができる，いろいろなスイッチ
CHI-CHI
KYU-KYU
そうじゅうハンドル。肉球認証《にくきゅうにんしょう》でエンジンがかかる
開発中《かいはつちゅう》の星《ほし》の成長《せいちょう》のようすを常《つね》にかん視《し》できる

ひどい形《かたち》ですね…。
うーむ…星《ほし》をつくるって難《むずか》しいな！
ボロ
ボロ
失敗作《しっぱいさく》
あれは！
おいしそうな形《かたち》～♥
でも…地球《ちきゅう》の形《かたち》じゃないですね…。
あれは!?
おー!! 大成功《だいせいこう》だぞ!!
社長《しゃちょう》！やりましたね！

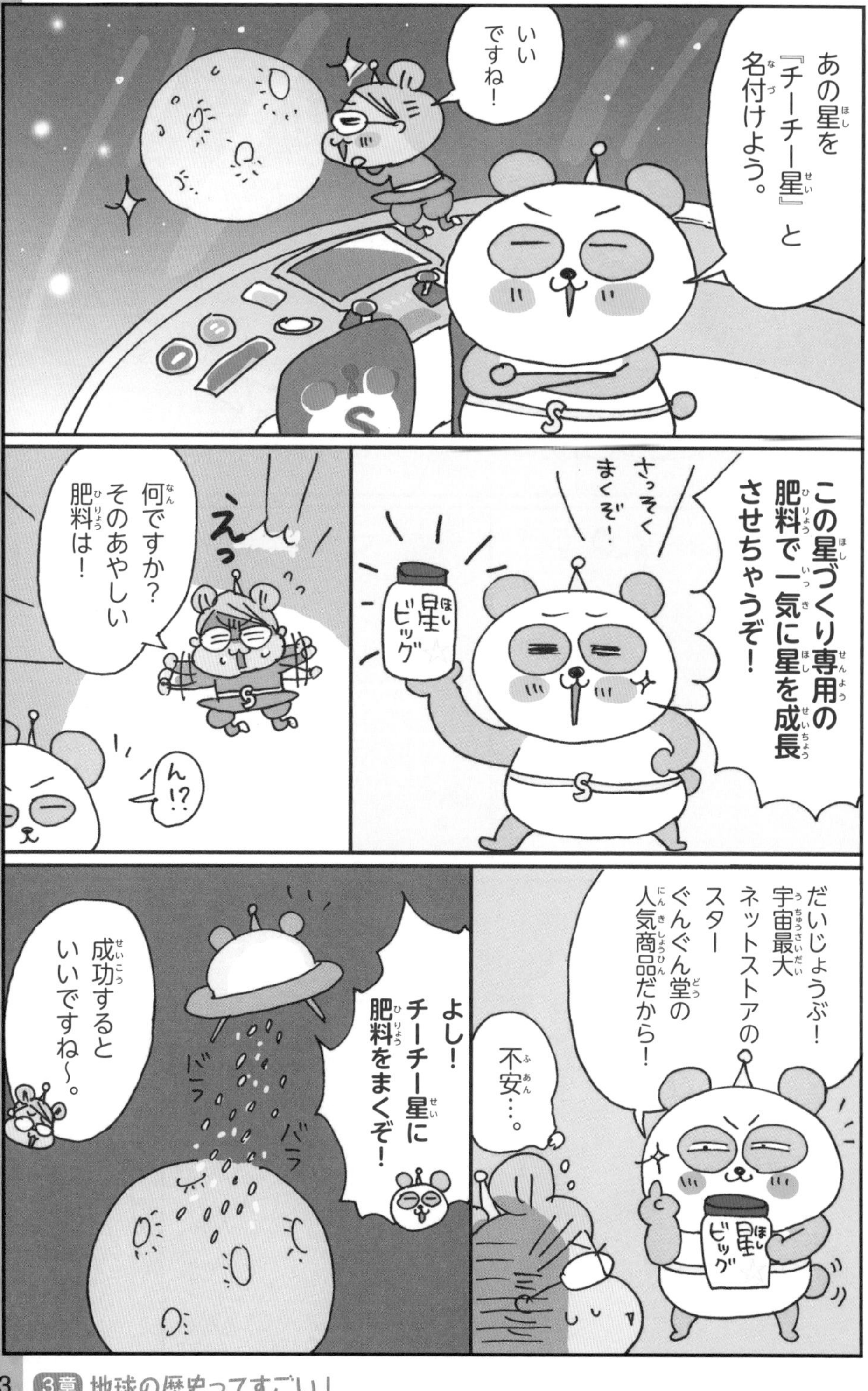
あの星《ほし》を『チーチー星《せい》』と名付《なづ》けよう。
いいですね！
この星《ほし》づくり専用《せんよう》の肥料《ひりょう》で一気《いっき》に星《ほし》を成長《せいちょう》させちゃうぞ！
さっそくまくぞ！
星《ほし》ビッグ
えっ
何《なん》ですか？そのあやしい肥料《ひりょう》は！
ん!?
だいじょうぶ！宇宙最大《うちゅうさいだい》ネットストアのスターぐんぐん堂《どう》の人気商品《にんきしょうひん》だから！
不安《ふあん》…。
星《ほし》ビッグ
よし！チーチー星《せい》に肥料《ひりょう》をまくぞ！
成功《せいこう》するといいですね〜。
バラ
バラ

社長《しゃちょう》、チーチー星《せい》が真《ま》っ赤《か》になってきましたよ。
何《なに》っ!?
ヤバい…。
ぐつ
ぐつ
ばく発《はつ》とかしたらどうしよう
あれ？ 今度《こんど》は雲《くも》ができてきましたね。
ピカッ
ゴロゴロ
うわっ雨《あめ》…？
ザー
シュー
雨《あめ》の水《みず》で海《うみ》ができてます！
これがあの巨大《きょだい》プールか！地球《ちきゅう》らしくなってきたぞ！
おおーっ
やったー！チーチー星《せい》ができたー！
ヒャッホー♪

生《う》まれたばかりの地球《ちきゅう》

およそ46億年前《おくねんまえ》にできた地球《ちきゅう》には，はじめから現在《げんざい》のような陸《りく》と海《うみ》があったわけではなかった。

できたばかりの地球《ちきゅう》

たくさんのいん石《せき》が降《ふ》りそそぎ，地球全体《ちきゅうぜんたい》が熱《あつ》いマグマの海《うみ》だった。

できたばかりの地球《ちきゅう》はマグマでおおわれていて，とても高温《こうおん》だったんです。これをマグマオーシャンといいます。

その後《あと》…雨《あめ》が降《ふ》りだした

大気《たいき》にふくまれていたたくさんの水蒸気《すいじょうき》が雨《あめ》となって降《ふ》った。

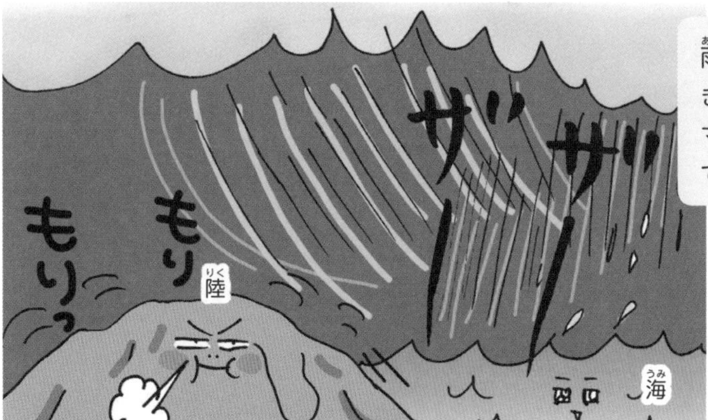

雨《あめ》がたまって海《うみ》ができた。それによって，マグマが冷《ひ》えて陸《りく》ができたんだよ。

太古《たいこ》の時代《じだい》に酸素《さんそ》がつくられた！

太古《たいこ》の時代《じだい》，地球《ちきゅう》にまだ細《さい》きんのような小《ちい》さな生《い》き物《もの》しかいなかったころ，ある生《い》き物《もの》が海《うみ》の中《なか》に生《う》まれたことで，今《いま》私《わたし》たちが吸《す》っている酸素《さんそ》がたくさんできたよ。どんな生《い》き物《もの》か見《み》てみよう。

シアノバクテリアって？

光合成《こうごうせい》を行《おこな》う生《い》き物《もの》で，細《さい》きんの一種《いっしゅ》。光合成《こうごうせい》とは光《ひかり》のエネルギーと二酸化炭素《にさんかたんそ》と水《みず》から，栄養分《えいようぶん》をつくりだすことができるはたらきだよ。このときに酸素《さんそ》も発生《はっせい》させる。シアノバクテリアは約《やく》 25 億年前《おくねんまえ》にはいたと考《かんが》えられていて，現在《げんざい》も地球《ちきゅう》に存在《そんざい》している。

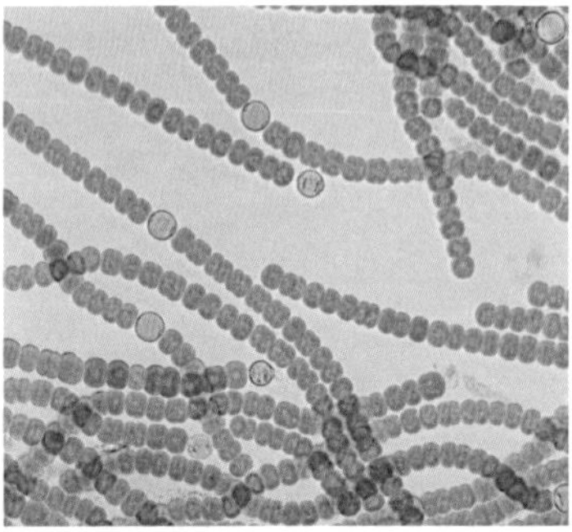

酸素《さんそ》が増《ふ》えたしくみ

約《やく》 25 ～ 20 億年前《おくねんまえ》，シアノバクテリアによって，地球上《ちきゅうじょう》にそれまでわずかしかなかった酸素《さんそ》がばく発的《はつてき》に増《ふ》えた。このときにできた酸素《さんそ》のおかげで，やがて地球《ちきゅう》に登場《とうじょう》するたくさんの動物《どうぶつ》や植物《しょくぶつ》が生《い》きていけるようになったよ。

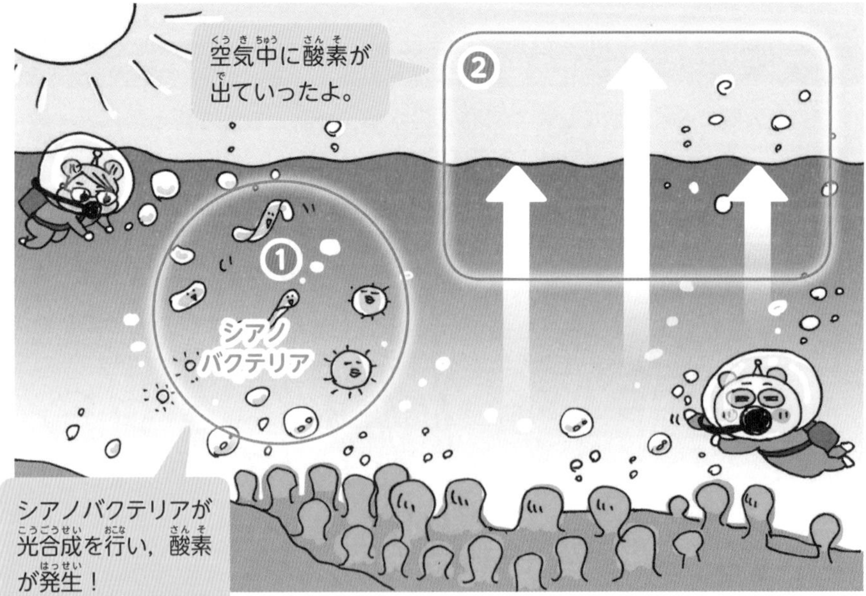
空気中《くうきちゅう》に酸素《さんそ》が出《で》ていったよ。
②
①
シアノバクテリア
シアノバクテリアが光合成《こうごうせい》を行《おこな》い，酸素《さんそ》が発生《はっせい》！

海《うみ》ができたら次《つぎ》は陸《りく》をつくらないとな♪
陸《りく》のつくり方《かた》は調《しら》べておきましたよ。
プカ
プカ
陸《りく》づくりお試《ため》しレシピによると
海底《かいてい》のマグマに近《ちか》いところをばく発《はつ》させて地面《じめん》を盛《も》り上《あ》げてつくるんです。
フムフム…
びしっ
社長《しゃちょう》!ばく破《は》お願《ねが》いします!
その役《やく》はオイラかよ!
よし!ばく破《は》準備《じゅんび》オーケー!
20分後《ぷんご》にタイマーをセットして…。
急《いそ》いでもどろう!
はたしてチーチー星《せい》の陸《りく》はできあがるのか…。

地球全体《ちきゅうぜんたい》がこおってたって本当《ほんとう》?

どうしたんだろう！
寒《さむ》い!!
ブル
ブル
辺《あた》りがこおり始《はじ》めたぞ！
ピシ
ピシ
チーチーセイニヒョウガキガキマシタ。
トテモサムイ
うわわ〜
こおりついちゃった！
カチーン
なんで〜!?
これって失敗《しっぱい》!?
ビュー
ビュー
AI《エーアイ》たまこ…外《そと》はどうなってる？
オーケーオーケー。チーチーセイハジュンチョウデス。

地球《ちきゅう》が雪《ゆき》の玉《たま》になった!?

約《やく》22億年前《おくねんまえ》に1回《かい》と約《やく》7〜6億年前《おくねんまえ》に2回《かい》，地球《ちきゅう》のすべての大陸《たいりく》や海《うみ》が氷《こおり》でおおわれてしまったと考《かんが》えられている。このときの地球《ちきゅう》は，スノーボール・アースといわれているよ。

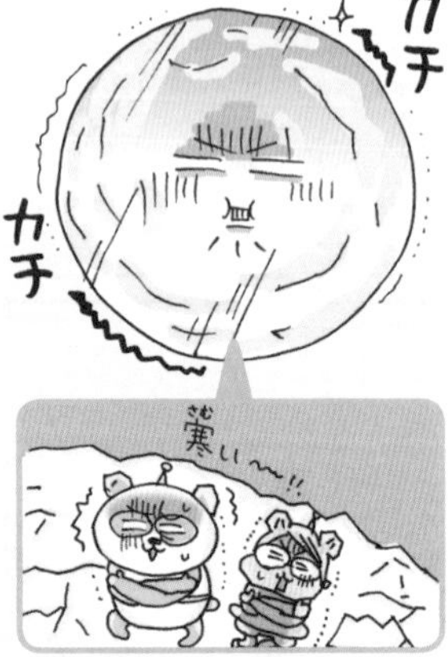

大陸《たいりく》を厚《あつ》い氷《こおり》がおおった

最大《さいだい》で厚《あつ》さ約《やく》3000mの氷《こおり》が陸《りく》をおおったといわれている。

海《うみ》がこおった

最《もっと》も深《ふか》いところでは，約《やく》1000mの深《ふか》さまでこおったといわれている。降《ふ》った雨《あめ》や雪《ゆき》がこおってしまい，海《うみ》に流《なが》れこむ水《みず》が減《へ》ったため，海水《かいすい》も減《へ》った。

気温《きおん》が下《さ》がった

平均気温《へいきんきおん》はおよそマイナス50度《ど》。冷凍庫《れいとうこ》よりずっと低《ひく》い温度《おんど》だよ。

生《い》き物《もの》が消《き》えていった

厳《きび》しい寒《さむ》さで地球上《ちきゅうじょう》の生《い》き物《もの》はほとんどいなくなったよ。

なぜこのような現象《げんしょう》が起《お》きたのかは，まだよくわかっていない。

それを救《すく》ったのは…

地球《ちきゅう》の火山活動《かざんかつどう》は続《つづ》いていたので，火山《かざん》ガスがしだいに空《くう》気《き》をあたため，地球《ちきゅう》は元《もと》の姿《すがた》にもどることができたと考《かんが》えられている。また，海底火山《かいていかざん》の近《ちか》くでは生物《せいぶつ》が生《い》き延びることができたんだ。

温泉《おんせん》をつくったあの火山《かざん》が地球《ちきゅう》のことも救《すく》ったのか！

しばらくたって…。
おだやかになりましたね！
よかった〜！海《うみ》もすっかり元通《もとどお》りだ！
キャッ
キャッ
ウミモトドオリ
海香《うみか》の家《いえ》。
あっチーチーだ！
チーチー星《せい》ができてきたから見《み》に来《き》て♥
いつ？
ワープ
やっほー♥
今《いま》…!?
チーチー星《せい》見《み》て見《み》て♥
さっきまでチーチー星《せい》は大変《たいへん》だったんだぞ！
たしかに二人《ふたり》ともやつれてる。
はい…
ウミノナカニイキモノガイマス。
すごい！何《なに》がいるの？
何《なに》っ!?

生《い》き物《もの》の進化《しんか》を見《み》に行《い》こう

もぐって見《み》てみよう。
ブクブク
まだ微生物《びせいぶつ》しかいないか…？
植物《しょくぶつ》みたいなものも生《は》えていますね！
魚《さかな》はいないね。見《み》たことない生《い》き物《もの》ばっかり。
そわそわ
早《はや》く生《い》き物《もの》が増《ふ》えないかな～。
うー待《ま》ってられない！
ジャーン
そうだ！この前《まえ》買《か》った進化《しんか》を早《はや》める薬《くすり》を入《い》れてみよう！
シンカマン
またあやしい薬《くすり》…。
!?
だいじょうぶ！宇宙最大《うちゅうさいだい》のスターぐんぐん堂《どう》の口《くち》コミナンバーワンだから！
シンカマン

本当《ほんとう》に効《き》き目《め》あるの？
まあまあ、見《み》てなって・・
コツン
ん？何《なに》か当《あ》たったぞ？
気持《きも》ち悪《わる》い虫《むし》が大量発生《たいりょうはっせい》してるっ！
ヒィイー
こわいよ〜。
オーケーオーケーサカナモイマス。
バッチリシンカシテイマス。
リクノイキモノ。シンカノショウコ。
エーッ
やっぱりシンカマンの効果《こうか》だ！

いろいろな生《い》き物《もの》が生《う》まれた古生代《こせいだい》

古生代《こせいだい》は，今《いま》から約《やく》5億《おく》4000万年前《まんねんまえ》～2億《おく》5000万年前《まんねんまえ》の時《じ》代《だい》のこと。地球《ちきゅう》の生《い》き物《もの》は，かつて海《うみ》の中《なか》にしかいなかった。古生代《こせいだい》の間《あいだ》に植物《しょくぶつ》が陸《りく》に進出《しんしゅつ》し，やがて虫《むし》や動物《どうぶつ》たちが陸《りく》に誕《たん》生《じょう》していった。

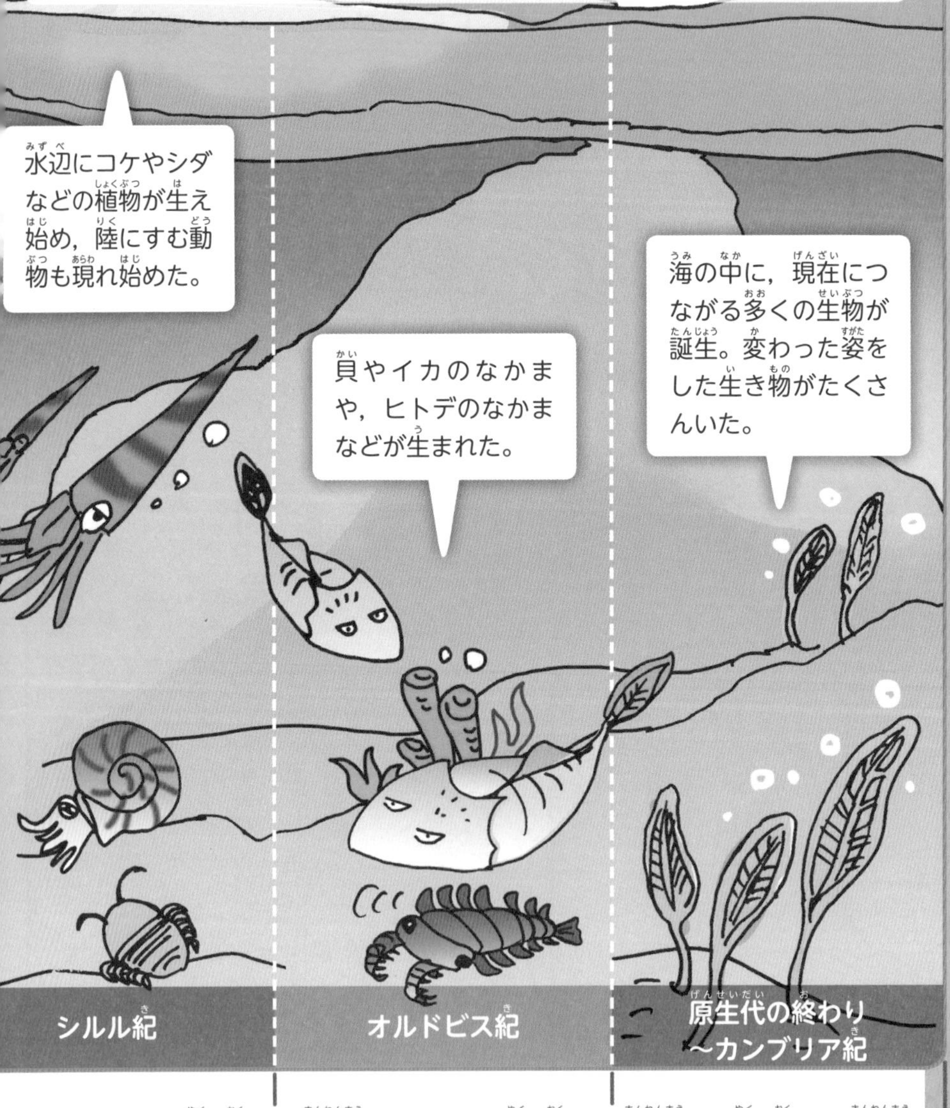
水辺《みずべ》にコケやシダなどの植物《しょくぶつ》が生《は》え始《はじ》め，陸《りく》にすむ動《どう》物《ぶつ》も現《あらわ》れ始《はじ》めた。
貝《かい》やイカのなかまや，ヒトデのなかまなどが生《う》まれた。
海《うみ》の中《なか》に，現在《げんざい》につながる多《おお》くの生物《せいぶつ》が誕生《たんじょう》。変《か》わった姿《すがた》をした生《い》き物《もの》がたくさんいた。
シルル紀《き》
オルドビス紀《き》
原生代《げんせいだい》の終《お》わり～カンブリア紀《き》
約《やく》4億《おく》4400万年前《まんねんまえ》
約《やく》4億《おく》8500万年前《まんねんまえ》
約《やく》5億《おく》4000万年前《まんねんまえ》

わー！
は虫類《ちゅうるい》や，ほ乳類《にゅうるい》の祖先《そせん》が増《ふ》えた。
シダ植物《しょくぶつ》の森林《しんりん》ができてこん虫類《ちゅうるい》やクモのなかまが生《う》まれ，陸上《りくじょう》がにぎわい始《はじ》めた。
魚《さかな》のなかまがたくさん誕生《たんじょう》した「魚《さかな》の時代《じだい》」。サメのなかまや水辺《みずべ》で生活《せいかつ》する両生類《りょうせいるい》が生《う》まれた。
ヒエ〜!!
ペルム紀《き》
石炭紀《せきたんき》
デボン紀《き》

約《やく》2億《おく》9900万年前《まんねんまえ》　約《やく》3億《おく》5900万年前《まんねんまえ》　約《やく》4億《おく》1900万年前《まんねんまえ》

ここら辺《へん》には生《い》き物《もの》がまだ
あまりいないみたいだな…。
キョロ
キョロ
残《のこ》ってる
シンカマン
この辺《あた》りに
まいちゃ
おーっと。
ジャー
ジャー
ガサ
ガサッ
ん!?
出《で》たー!!

エーッ!!
チーチー足速《あしはや》っ!!
ドスン
ドスン
オイラ死《し》にたくないー！！
うおおおおお〜
あっ あそこに穴《あな》が！
とりあえずあそこに…！
チーチー置《お》いていかないでよっ！
社長《しゃちょう》！
あっ!!
ちゃっかり恐竜《きょうりゅう》の巣穴《すあな》にかくれてる！
ブル
ブル
ゴゴゴ
今度《こんど》は何《なに》!?
キミの卵《たまご》をとるつもりはなかったんだ〜！
かくれてただけだから許《ゆる》して〜！
ヒイイー
チーチー…
社長《しゃちょう》…

恐竜《きょうりゅう》が大《だい》はん栄《えい》した中生代《ちゅうせいだい》

中生代《ちゅうせいだい》は恐竜《きょうりゅう》やは虫類《ちゅうるい》がはん栄《えい》した，約《やく》2億《おく》5000万《まん》年前《ねんまえ》〜約《やく》6600万年前《まんねんまえ》の時代《じだい》。約《やく》1億《おく》8400万年《まんねん》の間《あいだ》に，進化《しんか》を続《つづ》け，次々《つぎつぎ》と種類《しゅるい》を増《ふ》やしていった。

恐《きょう》竜《りゅう》のなかまが増《ふ》え，巨大《きょだい》な恐竜《きょうりゅう》が増《ふ》えた。
うわぁ〜〜
最初《さいしょ》の恐竜《きょうりゅう》のなかまが現《あらわ》れ始《はじ》めた。
ジュラ紀《き》
三畳紀《さんじょうき》

約《やく》2億年前《おくねんまえ》

約《やく》2億《おく》5000万年前《まんねんまえ》

約《やく》1億《おく》4500万年前《まんねんまえ》

恐竜《きょうりゅう》はなぜ絶《ぜつ》めつしたの？

恐竜《きょうりゅう》が絶《ぜつ》めつしたのは，地球《ちきゅう》に巨大《きょだい》ないん石《せき》が落《お》ちたためだと考《かんが》えられているよ。

あるとき，巨大《きょだい》いん石《せき》が落《お》ちた。いん石《せき》の正体《しょうたい》は直径《ちょっけい》10～15㎞の天体《てんたい》。しょうとつによって，とてつもなく大《おお》きな地《じ》しんと津《つ》波《なみ》が起《お》きた。

いん石《せき》が落《お》ちたときにまい上《あ》がったチリやガスが太陽《たいよう》の光《ひかり》をさえぎり，地球《ちきゅう》の気温《きおん》が下《さ》がった。

光合成《こうごうせい》ができないため植物《しょくぶつ》が育《そだ》たなくなり，えさがなくなった草食恐竜《そうしょくきょうりゅう》が絶《ぜつ》めつし，草食恐竜《そうしょくきょうりゅう》を食《た》べる肉食恐竜《にくしょくきょうりゅう》も絶《ぜつ》めつした。

このいん石《せき》が落《お》ちたときにできたとされる穴《あな》（クレーター）が，メキシコ近《ちか》くの海《うみ》で見《み》つかっているぞ。

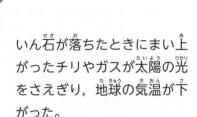

チーチー！恐竜《きょうりゅう》たちがなついてくれたよ！
社長《しゃちょう》！かわいいですよ～ 恐竜《きょうりゅう》～♥
エエーッ
二人《ふたり》ともいつの間《ま》に…！
チーチーも恐竜《きょうりゅう》に乗《の》っていい？
せっかくだし
ほら！ チーチーも乗《の》ってみなよ！
ジャーン!!
ホ、ホントに乗《の》ってだいじょうぶなの～⁉ よだれ出《で》てるけど～⁉
ムリ
ムリ

人類《じんるい》はいつ誕生《たんじょう》したの？

た、食《た》べないで！
チーチーはおいしくないよ！
助《たす》かった…。
カレラハシンカノトチユウノジンルイデス。
エエーッ
人類《じんるい》!?サルじゃないの!?
えー！っ
ちがいすぎる！
ええ〜っ
人間《にんげん》の祖先《そせん》は2本足《ほんあし》で歩《ある》き始《はじ》めて進化《しんか》するうちに今《いま》の姿《すがた》になっていったようです。
シンカシンカ
たしかに海香《うみか》もどことなくサルに…。
チーチー何《なに》か言《い》った？
うーん
それにしても海香《うみか》がモテモテ！
おいしい〜
お肉〜
オイラのときと全然態度《ぜんぜんたいど》がちがう…。
ズルイぞ!!

ほ乳類《にゅうるい》がはん栄《えい》する新生代《しんせいだい》

恐竜《きょうりゅう》が絶《ぜつ》めつした後《あと》，生《い》き残《のこ》ったほ乳類《にゅうるい》のなかまが次々《つぎつぎ》と増《ふ》え，現代《げんだい》の動物《どうぶつ》たちの祖先《そせん》と考《かんが》えられる動物《どうぶつ》たちが生《う》まれた。

アンブロケトゥス

あしに水《みず》かきがあるクジラの祖先《そせん》。泳《およ》ぐのが得意《とくい》だよ。

ケナガマンモス

大《おお》きくカーブしたキバがじまん。寒《さむ》さに強《つよ》いゾウ！

地球《ちきゅう》の歴史《れきし》をまとめると…

地球全体《ちきゅうぜんたい》がこおる。

地球《ちきゅう》が冷《ひ》えて海《うみ》と陸《りく》ができる。

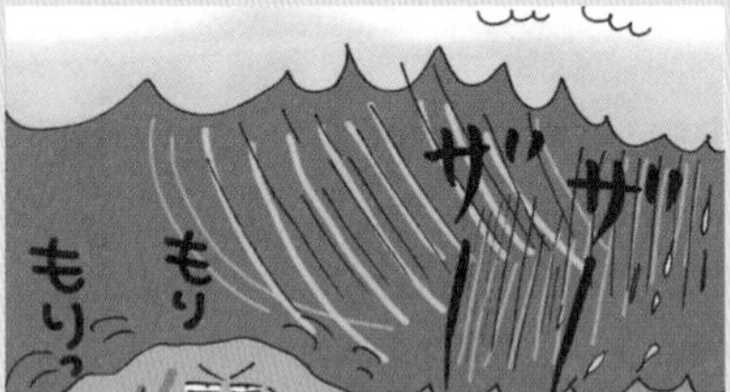

地球《ちきゅう》誕生《たんじょう》

太古代《たいこだい》

冥王代《めいおうだい》

約《やく》40億年前《おくねんまえ》

約《やく》46億年前《おくねんまえ》

人類《じんるい》の進化《しんか》

人間《にんげん》は猿人《えんじん》といわれる祖先《そせん》から進化《しんか》をとげ，
約《やく》20万年前《まんねんまえ》に現代《げんだい》のヒトが誕生《たんじょう》した。

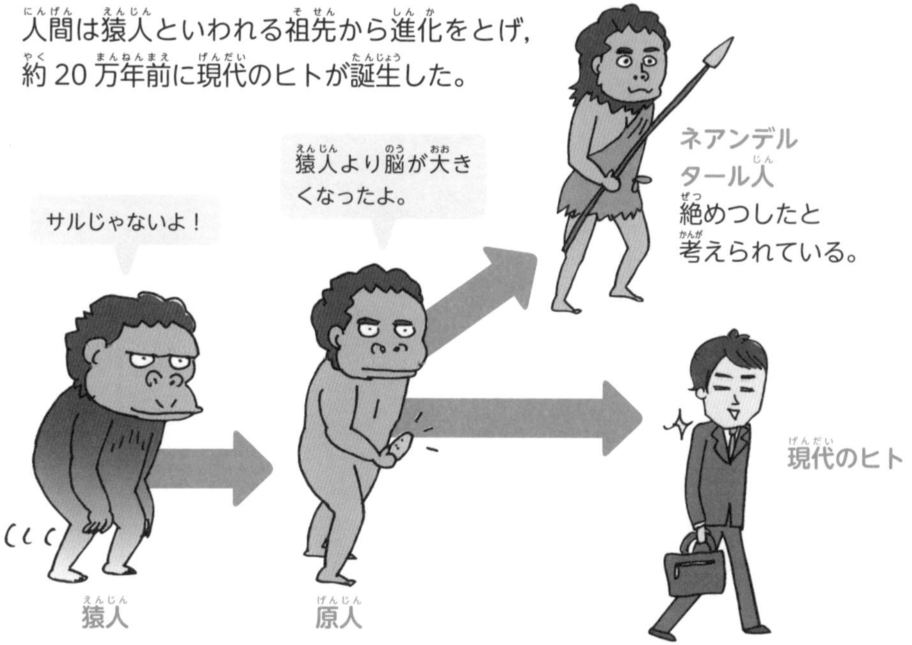
サルじゃないよ！
猿人《えんじん》より脳《のう》が大《おお》きくなったよ。
ネアンデルタール人《じん》
絶《ぜつ》めつしたと考《かんが》えられている。
現代《げんだい》のヒト
猿人《えんじん》
原人《げんじん》

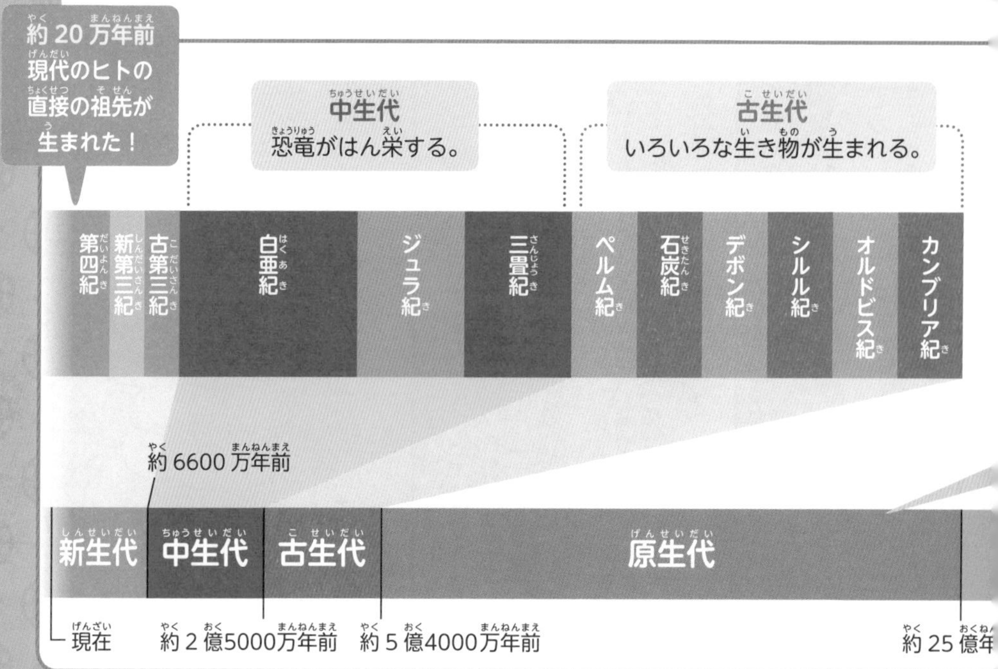
約《やく》20万年前《まんねんまえ》
現代《げんだい》のヒトの直接《ちょくせつ》の祖先《そせん》が生《う》まれた！
中生代《ちゅうせいだい》
恐竜《きょうりゅう》がはん栄《えい》する。
古生代《こせいだい》
いろいろな生《い》き物《もの》が生《う》まれる。
第四紀《だいよんき》
新第三紀《しんだいさんき》
古第三紀《こだいさんき》
白亜紀《はくあき》
ジュラ紀《き》
三畳紀《さんじょうき》
ペルム紀《き》
石炭紀《せきたんき》
デボン紀《き》
シルル紀《き》
オルドビス紀《き》
カンブリア紀《き》
約《やく》6600万年前《まんねんまえ》
新生代《しんせいだい》
中生代《ちゅうせいだい》
古生代《こせいだい》
原生代《げんせいだい》
現在《げんざい》
約《やく》2億《おく》5000万年前《まんねんまえ》
約《やく》5億《おく》4000万年前《まんねんまえ》
約《やく》25億年《おくね》

一年後《いちねんご》のチーチー星《せい》。
地《ち》球《きゅう》ランド大《だい》完成《かんせい》会《かい》
地《ち》球《きゅう》ランド
テープカットを始《はじ》めます！
パシャ
チーチー社長《しゃちょう》おめでとうございます！
地球《ちきゅう》のすばらしさを再現《さいげん》した宇宙一《うちゅういち》のテーマパークです。
目玉《めだま》のアトラクションは何《なん》ですか？
リアルな恐竜《きょうりゅう》です！
楽《たの》しみ〜
案内《あんない》してくださーい
どうぞこちらです！
恐竜《きょうりゅう》の世界《せかい》

オ〜
スリル満《まん》点《てん》!!
こうやって乗《の》って
一気《いっき》にすべります!
キャー!
たのしい〜
見《み》たことのないアトラクションです!
アメージング!!
すばらしい!!
じつに新《あたら》しいデス!
地球《ちきゅう》ランド
うちの新聞《しんぶん》にのせます!
オイラまた有名《ゆうめい》になっちゃうな〜。
ぐふふ
パシャ
パシャ
すごいみんなびっくりしてるね!
海香《うみか》のおかげですよ。
地球《ちきゅう》へ帰《かえ》る宇宙船《うちゅうせん》の中《なか》。
遊《あそ》びつかれてねてしまいましたね。
ぐーぐー
まだまだ子《こ》どもだな!
さようなら海香《うみか》いつかまた…会《あ》う日《ひ》まで

チーチー？
あ…ねちゃってた
ん！手《て》紙《がみ》!?
うみかへ
顔《かお》を見《み》てのお別《わか》れはつらいからお手《て》紙《がみ》にしたぞ！
いろいろありがとうな
チーチーより
またいつか会《あ》いたいです。キュウキュウ
さみしいな…。でも、またいつか会《あ》えるよね！
だって同《おな》じ宇《う》宙《ちゅう》にいるもんね！
考《かんが》えていたんだが…
キュウキュウに地《ち》球《きゅう》ランドとアストロ不《ふ》動《どう》産《さん》を任《まか》せたいんだ。
どうしたんですか!? また新《あたら》しい星《ほし》をつくるんですか？
いや、ちがう。オイラは新《あたら》しいオイラになるんだ。
まさか社《しゃ》長《ちょう》…。
その姿《すがた》して
海《うみ》香《か》の家《いえ》。
今日《きょう》からこの動《どう》物《ぶつ》園《えん》に新《あたら》しいお友《とも》だちが増《ふ》えました。パンダのチーチーです！
チーチー
大人気《だいにんき》のようですねー
チーチー!?
あっ、あの顔《かお》！また何《なに》かたくらんでるでしょ!!